Calderón de la Barca
y
Antonio Coello

El Prodigio de Alemania

Comedia Famosa

Edición de
Antonio M. Rueda

- STOCKCERO -

1st. Stockcero edition: 2013

ISBN: 978-1-934768-71-6

Library of Congress Control Number: 2013957837

Set in Linotype Granjon font family typeface
Printed in the United States of America on acid-free paper.

Published by Stockcero, Inc.
3785 N.W. 82nd Avenue
Doral, FL 33166
USA
stockcero@stockcero.com

www.stockcero.com

Calderón de la Barca
y
Antonio Coello

El Prodigio de Alemania

Comedia Famosa

Índice

Introducción
Wallenstein: prodigio vence a prodigio

Lützen, Sajonia. Noviembre de 1632. Desde 1618, España se encuentra involucrada como parte directa en una guerra de larga duración bajo la atenta e interesada mirada del Conde-Duque de Olivares. Acaba de morir el Rey de Suecia en el campo de batalla contra el ejército del Sacro Imperio Romano-Germánico liderado por el checo Wallenstein. A pesar de que la victoria había sido de los suecos, los católicos celebraron la muerte del monarca más que si la victoria hubiera caído del lado que tenía a Fernando II, emperador, y Felipe IV, rey de España, al frente. Antes de la batalla, el avance de las fuerzas protestantes amenazaba las regiones imperiales de la zona sur de Alemania gracias a la ayuda que Suecia y su monarca habían comenzado a prestar a los luteranos alemanes en 1630. A partir de Lützen, los suecos fueron perdiendo batallas hasta firmar la Paz de Praga en 1635.

El Prodigio de Alemania, obra teatral representada durante este periodo, se erige en objeto de estudio fundamental que, en conjunto con el análisis de las fuentes históricas, contribuye a un conocimiento más profundo de la política internacional llevada a cabo por España y el Conde-Duque de Olivares durante la Guerra de los Treinta Años (1618-1648). La figura de Albrecht von

Wallenstein (1583-1634) es esencial para llevar a cabo este análisis debido a su labor como Comandante General de los ejércitos católicos durante una parte del enfrentamiento bélico y a su carácter de protagonista principal en *El Prodigio de Alemania*. La muerte del Rey Gustavo Adolfo de Suecia frente al ejército de Wallenstein supuso, irónicamente, el principio del fin de la carrera militar de este último. Aunque el Emperador Fernando II agradeció enormemente su rendimiento, ya que veía con gran preocupación las victorias protestantes cuando Wallenstein no estuvo ocupando el cargo de generalísimo entre 1630 y 1632, el general fue asesinado por hombres fieles al emperador. ¿Cómo es posible que se viniera abajo la meteórica carrera de un militar que tantos momentos de gloria proporcionó a las naciones que defendían el Catolicismo en la Europa del siglo XVII y al único a quien recurrió el emperador tras verse acorralado por los protestantes del norte?

En 2001, el catedrático de la Universidad de Valladolid Germán Vega García-Luengos publica el primer artículo relacionado con *El prodigio de Alemania* tras haber encontrado una edición suelta y hasta entonces desconocida de la obra en la Biblioteca Nacional de Madrid: «Calderón y la política internacional: las comedias sobre el héroe y traidor Wallenstein». En el artículo, García-Luengos realiza una presentación biográfica de Wallenstein analizando brevemente lo que ocurrió antes de ser asesinado, estableciendo la obra como catalizadora de dichos acontecimientos y explicando los hechos que influyeron en su producción. García-Luengos considera que la obra se representó por primera vez en el verano de 1634 y hace referencia a su posible autoría mediante una comparación de versos que se repiten en otras obras de Calderón de la Barca llegando a la conclusión de que, aunque los ecos calderonianos son profundos y es segura la presencia de otro dramaturgo, se ha de seguir investigando sobre el tema. En un artículo suyo más reciente, «Presencias de Europa en el teatro español del siglo XVII» en 2012, García-Luengos continua analizando los posibles orígenes de la comedia poniéndola en relación con una anterior sobre la muerte del Rey de Suecia, también obra de Calderón y Coello, y que supuestamente alababa la figura de Wallenstein pero de la cual, que se sepa, no se ha conservado el texto. A esto volveremos en la sección dedicada al análisis del texto para ver las posibles influencias de este texto perdido en *El prodigio de Alemania*.

La historia: La Guerra de los Treinta Años como contexto literario

Es imposible llevar a cabo una edición de *El Prodigio de Alemania* sin entrar en profundidad en lo que estaba teniendo lugar en el corazón de Europa en el momento en que sucede la acción de la obra. La Guerra de los Treinta Años es un enfrentamiento inicialmente religioso entre católicos y protestantes aunque siempre con el telón de fondo de la supremacía del Imperio Romano-Germánico lo que hizo que, conforme avanzaba el conflicto, se iban añadiendo naciones a uno u otro lado dependiendo de los intereses de cada cual. La guerra ya había comenzado a conformarse unos años antes. En 1555 el Emperador Carlos V firmó la Paz de Augsburgo con la que se pretendía poner fin a la expansión del Luteranismo y el Calvinismo por las tierras germanas fundamentalmente católicas. Sin embargo, en la práctica no era una acción que se realizaría bajo los mismos términos que se especificaban en el tratado de paz, especialmente bajo la tendencia pacifista de los emperadores que vinieron después de Carlos V que preferían evitar conflictos y permitir que los príncipes de cada región pudieran elegir a qué religión adscribirse.

Los Países Bajos lucharon por independizarse de España desde la década de 1570 hasta abril de 1609 cuando se declaró una tregua de doce años. Los Países Bajos fueron capaces de resistir a las ofensivas católicas gracias a la ayuda directa de Inglaterra o Francia, potencias rivales del Imperio que veían en esta lucha una forma de disminuir la influencia europea de España, y a la ayuda indirecta del Imperio Otomano que, en sus enfrentamientos en el Mediterráneo contra los españoles, atraían buena parte de los efectivos militares que se podrían haber usado para combatir en tierras holandesas. El apoyo a las fuerzas protestantes por parte de la católica Francia y del musulmán Imperio Otomano demostraba que el enfrentamiento iba mucho más allá de un simple enfrentamiento entre católicos y protestantes. Estas mismas naciones, y otras más, se irán uniendo del lado protestante a lo largo de la guerra por estos motivos conformando los dos bloques principales del conflicto.

La fragilidad del Catolicismo en numerosas zonas del Imperio Romano-Germánico fue otro de los factores principales que contribuyeron al desencadenamiento del conflicto inter-europeo. El Imperio comenzaba a dividirse religiosamente conforme a zonas geográficas, siendo el Sur mayoritariamente católico y el Norte fundamentalmente luterano y/o calvinista en 1618. La Guerra de Colonia (1583-1588), desencadenada por la conversión al Luteranismo del Príncipe-Elector de Colonia, se convirtió en un anticipo de la guerra que comenzaría en 1618 al atraer ejércitos de diferentes partes de Europa para ayudar ya fuera al lado protestante o al católico, algo muy similar a lo ocurrido en los Países Bajos. Después de Colonia, se plantearía el mismo escenario en otras zonas imperiales como Hesse-Kassel en 1603, Donauworth en 1606 o Brandenburgo en 1613, que irían preparando el terreno para la Guerra de los Treinta Años. Los enfrentamientos en Donauworth fueron especialmente significativos ya que, a pesar de su localización meridional, los luteranos prohibieron la celebración de una procesión católica el 25 de abril de 1606. En la procesión del año siguiente se repitieron los mismos incidentes y el Emperador Rodolfo decidió mandar al Duque de Baviera para que defendiera a los católicos, tomara medidas disciplinarias con los rebeldes protestantes, estableciera al Catolicismo como religión oficial en el estado de Donauworth e incluyera dicho estado en el Ducado de Baviera. El hecho provocó la creación de la Unión Protestante en 1608 mediante la cual los estados protestantes defenderían tanto sus tierras como sus derechos. Un año después, Maximiliano

I, Duque de Baviera, creó la Liga Católica como respuesta a este hecho, demostrando así la falta de unión entre los diferentes estados imperiales.

La tensión aumentó con la crisis de la sucesión de Juliers-Cléveris cuando el Duque Juan Guillermo de Cléveris muere sin dejar descendencia. La posición estratégica del ducado de Juliers-Cléveris-Berg, entre los Países Bajos republicanos, los Países Bajos españoles y Francia, atrajo la atención de todas las fuerzas europeas. El Emperador Rodolfo II decide que las tropas imperiales ocupen el ducado mientras se decide el heredero del territorio. La tensión fue en aumento ya que varios de los príncipes protestantes creían que el Emperador terminaría quedándose en poder del condado para evitar que pasara a manos de algún protestante. Cuando las fuerzas francesas y holandesas se estaban preparando para invadir el condado, el rey francés Enrique IV es asesinado por un fanático católico. Los dos que reclamaban el ducado eran la Duquesa Ana de Prusia, casada con el calvinista Juan Segismundo de Brandeburgo, y Wolfgang Guillermo del Palatinado-Neoburgo. En 1613, el embajador español Baltasar de Zúñiga y Velasco se reúne con Wolfgang Guillermo y le recomienda que se convierta al catolicismo para poder acceder a la sucesión del condado con el apoyo de Felipe III, rey de España, y del Imperio Romano Germánico mientras Juan Segismundo recibía el apoyo de los protestantes. Finalmente, la firma del Tratado de Xanten en 1614 estableció que Julich y Berg irían a manos de Wolfgang Guillermo y que Juan Segismundo se quedaría con Cléveris-Mark y

Ravensberg. La decisión aplazaba el comienzo de mayores hostilidades entre la Europa católica y la Europa protestante aunque fuera únicamente por solo unos años.

La tregua de doce años firmada en 1609 puso fin a los enfrentamientos en los Países Bajos protestantes. Sin embargo, Felipe III y sus ministros eran conscientes de que no continuaría después de esos doce años puesto que los ataques holandeses a colonias españolas fuera de Europa se multiplicaban y permitían a los protestantes enriquecerse cada vez más en perjuicio de los españoles. No había otro camino para España en 1621 que declarar la guerra a los Países Bajos. El monarca español firmó antes el Tratado de Oñate por el que aprobaba que, cuando ocurriera la muerte del Emperador Matías sin dejar descendientes (hecho que sucederá en 1619), tomaría el poder su primo el príncipe de Bohemia Fernando II. A cambio el nuevo emperador garantizaba al monarca español completo acceso a lo que se conocía como «Camino español», una red de territorios conectados que permitía a los españoles ir directamente desde Milán hasta los Países Bajos españoles. En 1617 Fernando había sido proclamado Rey de Bohemia lo que no gustó nada a los estados protestantes debido a su ferviente catolicismo que pretendía imponer en todas las regiones de su reino, especialmente la zona protestante de Bohemia. Es en este clima de inestabilidad cuando tiene lugar lo que se vendrá en llamar la Defenestración de Praga el 23 de mayo de 1618, cuando unos representantes imperiales enviados por Fernando, que aunque todavía no había sido coronado emperador oficiaba como tal debido a la enfermedad de

Matías, fueron lanzados por la ventana como respuesta a la represión religiosa del monarca, hecho que se considera el comienzo oficial de la Guerra de los Treinta Años.

La Guerra de los Treinta Años se divide en cuatro fases dependiendo del lugar donde se centralizan los enfrentamientos y los países intervinientes: el periodo bohemio (1618-1621), el periodo danés (1625-1630), el periodo sueco (1630-1635) y el periodo francés (1635-1648). En esta introducción nos detendremos especialmente a finales del periodo danés y en el periodo sueco ya que son los que nos ayudarán a comprender mejor el contexto histórico en el que se mueve *El Prodigio de Alemania*. La guerra comenzó en un espacio reducido como era el reino de Bohemia pero se extendió muy pronto por el corazón de Europa y con la participación de casi todas las naciones de la Europa occidental. La muerte de Matías y el nombramiento de Fernando II fue el factor inicial por el que la guerra se extendió fuera de Bohemia y que obligó al emperador a llamar a Felipe III para pedirle su apoyo para defenderse de los intentos de usurpación protestante.

Los miembros bohemios de la Unión Protestante que conformaban el reino de Bohemia pidieron el nombramiento de Federico V del Palatinado como rey de Bohemia. El 31 de julio de 1619 los estados de Bohemia formaron una confederación bohemia y un mes después nombraban a Federico rey para ser coronado en Praga en noviembre de 1619. La usurpación del trono en contra del imperio germánico hacía que la guerra entre católicos y protestantes fuese algo inevitable. La primera batalla importante de la Guerra de los Treinta Años fue la Batalla de la Montaña Blanca, un año después del nombramiento de Federico. Dicha batalla supuso la primera gran victoria católica a cargo del general Tilly así como la reinstauración del catolicismo como la única religión en todo el reino de Bohemia y del emperador en el sillón regio. Los protestantes de Bohemia fueron obligados a convertirse al Catolicismo o a abandonar el reino. La estruendosa derrota de los protestantes en la batalla de Stadtlohn en 1623 puso fin a los intentos de Federico de recuperar el trono y le obligó a firmar un armisticio con el emperador, ahora también rey de Bohemia.

La intervención de Dinamarca dio comienzo en 1625 y se produjo como consecuencia del levantamiento de su rey Cristián IV, quien también era conde de Holstein, territorio en zona imperial, al temer por la soberanía protestante de su reino. Dinamarca contó con la ayuda de Inglaterra, Francia y Suecia para poder conformar un ejército con posibilidades de ir a la guerra contra el imperio (aunque después se echarían atrás por diferentes conflictos internos). Es debido a estas razones que Fernando II llamó a Albrecht von Wallenstein, noble de Bohemia que se había enriquecido gracias a la confiscación de los estados protestantes del reino después de la Batalla de la Montaña Blanca. Uno de esos territorios confiscados fue Frýdlant, con el centro en la ciudad de Jicin, que se convirtió en el lugar de residencia y ducado personal de Wallenstein. De ahí que en *El Prodigio de Alemania* Wallenstein sea llamado «duque» o «Frislán» (españolización de Frýdlant).

A cambio del apoyo militar en la guerra, Wallenstein le pidió al rey derecho a saquear los territorios capturados en batalla, es decir, que se cumpliera el principio latino *bellum se ipsum alet* (la guerra se alimenta a sí misma). El bohemio consiguió reclutar a más de 50.000 hombres quienes se unieron a los ya comandados por el general Tilly, algo inesperado por el rey danés que no pudo recibir ayuda de otros estados protestantes. La primera gran derrota de los daneses a manos del ejército católico liderado por Wallenstein se produjo en la batalla de Dessau en abril de 1626 mientras que Tilly hizo lo mismo cuatro meses más tarde en la batalla de Lutter. Cristián IV comenzó entonces a pensar en regresar a Dinamarca aunque la derrota que le obligó a la retirada definitiva se produjo en la batalla de Wolgast. Tras la batalla el rey danés solicitó la firma de un tratado de paz a Fernando II, produciéndose ésta el 22 de mayo de 1629 en Lübeck, con la firma de Wallenstein (y dos semanas más tarde del emperador) y mediante la cual se comprometían a no atacar las posesiones danesas de antes del comienzo de la guerra a cambio de que Cristián IV no interviniera más en el conflicto.

Tras el alejamiento de Dinamarca, el emperador católico proclamó el Edicto de Restitución el 6 de marzo de 1629, momento que hace que el desarrollo de la Guerra de los Treinta Años dé un giro radical. El edicto, fortalecido por las humillantes derrotas danesas, pretendía la restitución del Catolicismo en todas las regiones imperiales centrándose especialmente en la zona noreste ya que era allí donde habitaba mayor número de protestantes. Fernando II quería igualmente asegurarse que su hijo Fernando III fuese elegido como su sucesor y para ello necesitaba el voto de los electores. Cuando el emperador se puso manos a la obra para convencer a éstos a que aceptaran el nombramiento de su hijo se encontró con una petición que gozó de numerosas adhesiones: el cese de Wallenstein del cargo de generalísimo de los ejércitos imperiales. Muchos de estos electores pensaban que Wallenstein, ayudado por su enorme ejército, podría intentar un golpe de estado y hacerse a la fuerza con el reino de Bohemia. De este modo, Tilly pasaría a ser el generalísimo del ejército imperial y Wallenstein pasaba a retirarse a su ducado de Frýdlant.

La proclamación del Edicto de Restitución fue el motivo por el que muchos protestantes de otras partes de Europa se unieron al conflicto continental alargando así la guerra hasta los treinta años cuando podía haber terminado con la retirada danesa de haber sido otras las intenciones del emperador. El Consejo Real sueco, con Gustavo Adolfo y su secretario Axel Oxenstierna, se reunió el 27 de octubre de 1629 y declaró que había que entrar en guerra contra el imperio alemán ya que, de no hacerlo, el emperador extirparía la religión protestante de tierras suecas en cuanto tuviera ocasión (Ringmar 120).[1] Es importante indicar que los católicos fueron expulsados de Suecia un año antes del comienzo de la Guerra de los Treinta Años bajo pena de muerte para los que no se marcharan y que un decreto real de 1627 permitía el asilo en Suecia de protestantes perseguidos de otras partes de Europa. De este modo, Suecia se erigía como defensora principal del protestantismo en Europa frente al catolicis-

1 El profesor Erik Ringmar ha escrito la obra más completa sobre la participación sueca en la Guerra de los Treinta Años, *Identity, History and Action: A Cultural Explanation of Sweden's Intervention in the Thirty Years War*.

mo simbolizado por el imperio germánico. El 26 de junio de 1630 entraron las primeras tropas suecas bajo la dirección del rey Gustavo Adolfo en la costa norte de Alemania para ayudar a las fuerzas protestantes en territorios imperiales. Un mes después, llegarían 12.000 hombres para unirse al grupo y firmar un acuerdo con Magdeburgo, importante ciudad luterana que Wallenstein había intentado conquistar un año antes sin éxito.

Los príncipes de la Alemania protestante, sin embargo, no confiaban mucho en el monarca sueco y algunos, como el de Sajonia, no querían entrar en combate contra las fuerzas imperiales. El general Tilly, quien había sustituido ya a Wallenstein, arrasó la ciudad de Magdeburgo en la primavera de 1631 ayudado por Pappenheim (personaje histórico que aparece mencionado en *El Prodigio de Alemania* por el propio Wallenstein después de su fallecimiento en 1632). Tras lo ocurrido en Magdeburgo, el príncipe sajón decidió ayudar a Gustavo Adolfo en la batalla de Breitenfeld en septiembre de 1631 y en la que las tropas protestantes, por fin, arrasaron al ejército imperial. Después de esto, Gustavo Adolfo decidió reposar durante el invierno estableciéndose en Maguncia (Mainz) adonde recibiría a representantes de diferentes estados protestantes con el objetivo de formar una unión más fuerte que sirviera para avanzar y seguir haciéndose con territorios en poder del imperio. En 1632, Gustavo Adolfo se sentía tan poderoso e influyente que tenía en mente la destrucción de las tropas imperiales como única manera de asegurarse un futuro alejado del Catolicismo.

La ciudad de Viena, uno de los centros principales del imperio, se convirtió en el objetivo del monarca sueco.

Las derrotas de Tilly y el avance de las tropas protestantes obligaron a Fernando II a volver a llamar a Wallenstein para que dirigiese la defensa de las regiones católicas. El 6 de noviembre se enfrentarían en Lützen para dirimir si el ejército protestante podría llevar a cabo su cometido o si tendría que retirarse hacia el norte. Había mucho en juego para ambos contendientes en Lützen. Sin embargo, la batalla duró únicamente unas horas. Una vez comenzadas las hostilidades, todo parecía a favor de los hombres de Gustavo Adolfo hasta que la niebla hizo acto de presencia. Entonces, los ejércitos comenzaron a perder la compostura, algo que favoreció a las tropas imperiales y que aprovechó un soldado austriaco para acercarse hacia donde se encontraba el monarca escandinavo y acribillarlo. Lo que iba camino de convertirse en una victoria protestante pasó a considerarse un éxito católico ya que el hombre que había ocasionado más problemas al imperio germánico ya no seguiría molestándoles.

La muerte de Gustavo Adolfo rebajó considerablemente las expectativas de los protestantes alemanes puesto que no querían apoyar un sistema dominado por los suecos ahora que el monarca ya no era la persona encargada de liderar el ejército. En febrero de 1634, Wallenstein, el protagonista de *El prodigio de Alemania*, fue asesinado después de que las acusaciones de golpista se fueran agolpando sobre la mesa de Fernando II. A esto dedicaremos mucho más espacio en el análisis de la obra. La batalla de Nördlingen en el verano de 1634, en la que los suecos fueron derrotados ampliamente por un ejército liderado por Fernando, nuevo generalísimo tras la muerte de Wallenstein, y el Cardinal Infante Fernando de Austria, hijo de Felipe III de España y primo de Fernando II, dejaba claro que el momento de los suecos ya había pasado. Tras la retirada de Suecia, Francia tomó el relevo en la lucha contra Fernando II y Fernando III, quien se convertiría en emperador en 1637.

La intervención de Francia, país católico, en la Guerra de los Treinta Años para enfrentarse a España y al Imperio Germánico obedece más a cuestiones esencialmente económicas y estratégicas en la lucha por la primacía europea. En 1635 se había firmado la Paz de Praga entre el Imperio Romano-Germánico y el Electorado de Sajonia, comprendido éste último por la mayoría de estados protestantes dentro del imperio. Con la firma del tratado se revocaba el Edicto de Restitución con lo que en cada estado germánico primaba el principio de *cuius regio, eius religio*, es decir que la religión de los estados dependería del príncipe que gobernaba en cada uno de ellos sin imponerse la religión católica a la fuerza por el emperador. De igual modo, los ejércitos de todos los estados se unirían para formar un único ejército en defensa del imperio ante atacantes ajenos a éste. De este modo, el emperador se reforzaba ante la previsible entrada de Francia en el conflicto continental. Aunque no participaran oficialmente en la guerra, los franceses ya habían venido apoyando económicamente a los estados protestantes de Bohemia y Países Bajos, Dinamarca y Suecia en su lucha contra España y el Imperio Germánico, en especial después del nombramiento del Cardinal Richelieu como primer ministro del rey Luis XIII en 1624. Richelieu fue el máximo responsable del giro en el enfoque de la guerra al pasar de ser un conflicto entre catolicismo y protestantismo a uno por la hegemonía europea entre Francia y los Habsburgo. Como indica Geoffrey Parker, Richelieu retrasó la entrada de Francia en la guerra a la espera de que la economía francesa mejorara lo suficiente para entablar un enfrentamiento serio contra los Habsburgo y que las fuerzas imperiales estuvieran más mermadas después de varios años de lucha continua contra los estados protestantes (134).

La entrada de Francia en la Guerra de Treinta Años estuvo llena de penalidades como consecuencia de las severas derrotas de manos de los ejércitos españoles e imperiales. El ejército francés liderado por Bernard de Saxe-Weimar y el Cardenal de la Valette lanzaron un ataque que tenía como objetivo invadir la zona en septiembre de 1635 pero se vieron forzados a regresar a Francia por la defensa del comandante Gallas (referido en la obra de Calderón y Coello como Galaso). En 1636 París estuvo a punto de ser invadido por los ejércitos de Johann von Werth y el Cardinal Infante después de haber arrasado varias regiones del noreste como Champagne, Picardía o Borgoña en su camino a la capital francesa. Sin embargo, no lo consiguieron ya que decidieron esperar a atacar París en 1637 a pesar de que en agosto de 1636 ya estaban en la ciudad de Corbie, a solo 120 kilómetros de la capital. A finales de 1636, Suecia volvía a la guerra para atacar de nuevo el imperio germánico aliándose con Francia y algunos príncipes protestantes alemanes.

Los suecos salieron triunfadores ante el imperio en la batalla de Wittstock, al norte de Alemania, en octubre del mismo año. Después de ésta vinieron varias derrotas más que, unidas a la muerte del emperador Fernando II en 1637 y del Cardinal Infante Fernando en 1641, hicieron tambalear los cimientos del imperio, hecho que también aprovecharon los Países Bajos para minar las posibilidades defensivas de los Habsburgo. En 1642, los suecos se tomarían la revancha en la segunda batalla de Breitenfeld y en la que el ejército imperial sufrió más de 20.000 bajas por sólo 4.000 suecas. Fernando III quedó tan fuertemente impresionado que fue allí donde comenzó a darse cuenta de que la Guerra de los Treinta Años se terminaría perdiendo tarde o temprano. Los numerosos frentes abiertos por diferentes zonas de entrada a su territorio convertían la defensa en algo imposible. Si no era poco para Felipe IV defender sus territorios en el corazón de Europa, también Cataluña y Portugal (ésta era parte del reino de España desde 1580) se levantaron en armas en 1640 para conseguir su independencia de España ayudados, cómo no, por las políticas de Richelieu como una estrategia para centrar la atención del monarca en la Península Ibérica.

En 1640, la Guerra de los Treinta Años comenzó a dirimirse a favor de Francia que iba conquistando y arrebatando territorios que pertenecían ya fuera a España o al Imperio. Tal es el caso de Arras en 1640, que pertenecían a los Países Bajos españoles, y que al caer en manos de los franceses dejaba el paso libre para que éstos se hicieran con el resto de Flandes y su capital en Amberes. El

«Camino español» había sido atravesado por holandeses y franceses y la llegada de suministros hacia el norte se había convertido en algo prácticamente imposible. El intento español de entrar en Francia por el norte fue el principio del fin para su ejército. La batalla de Rocroi, el 19 de mayo de 1643, fue la primera vez en que los tercios españoles, temidos por toda Europa, fueron derrotados de manera contundente. A partir de entonces se sucedería derrota tras derrota ya fuera de manos de los franceses que de manos de los suecos.

Comandantes como Gallas o Piccolomini, que aparecen en *El Prodigio de Alemania* como hombres exitosos y fieles al emperador, no podían hacer frente a los diferentes ataques foráneos debido a la escasez de recursos físicos y humanos. El Imperio no podía seguir adelante y perdía batallas en lugares como Nordlingen (1645), donde una década antes había arrasado a sus enemigos.[2] Las enormes presiones en los territorios imperiales llevaron a que la región de Baviera, invadida por franceses y suecos, se viera obligada a firmar la tregua de Ulm en 1647. Mediante dicha tregua, el príncipe Maximiliano I prometía renunciar a su alianza con el emperador Fernando III para defender el territorio alemán. A pesar de ello, Maximiliano rompió la tregua unos meses más tarde en el otoño de 1647. Por ello, en mayo de 1648 tuvo lugar la batalla de Zusmarshausen cerca de Augsburgo (Baviera) entre fuerzas imperiales y franco-suecas. De nuevo, el ejército imperial sufrió numerosas bajas y perdió la batalla. Francia continuaba fortaleciéndose victoria tras victoria mientras el imperio se acercaba al abismo.

---

2 En la segunda batalla de Nordlingen se produjo también la muerte del último comandante prestigioso de los que habían conformado los ejércitos imperiales a lo largo de la Guerra de Treinta Años, el Barón Franz von Mercy, quien durante muchos años repelió ataques franceses con gran éxito.

La última batalla significativa de la Guerra de Treinta Años tuvo lugar en Lens en agosto de 1648 entre los ejércitos españoles y franceses ya que los últimos habían capturado la ciudad el año anterior. Los españoles, comandados por el Archiduque Leopoldo (quien también era entonces gobernador de los Países Bajos españoles donde se encontraba Lens hasta que fue tomada por los franceses) aprovecharon unos levantamientos de la nobleza contra las políticas del primer ministro francés Cardenal Mazarin para recuperar Lens. Nuevamente Francia salió victoriosa. Así se llegó a la batalla que cerró el conflicto, en Praga desde julio hasta noviembre de 1648, entre suecos y bohemios y en el que ninguno salió victorioso a pesar de que Suecia saqueara el castillo de Praga y robara numerosos objetos de valor como el Codex Gigas, el libro más grande del mundo, y que todavía se encuentra en Estocolmo casi 400 años después. A pesar de ello, los hombres del general Christoff von Königsmarck no pudieron hacerse con la ciudad vieja y se tuvieron que conformar con los expolios. Se da la coincidencia de que fue en el castillo de Praga donde tuvo lugar la anteriormente mencionada Defenestración de Praga, uno de los hechos fundamentales que desencadenaron la Guerra de Treinta Años.

Mientras tenía lugar esta última batalla se firmaron una serie de tratados de paz que pondrían fin al conflicto que comenzara en 1618 así como el de la Guerra de los Ochenta Años, o Guerra de Flandes (1568-1648) entre España y las Provincias Unidas de los Países Bajos y mediante los cuales éstos últimos alcanzarían su independencia definitiva. Los tratados firmados en Osnabruck y en Munster, entre mayo y octubre de 1648, vinieron en llamarse Paz de Westfalia y fueron firmados por todas las naciones que se mantenían en guerra en ese año. El Emperador Romano-Germánico perdía buena parte de su influencia y poder en beneficio de la soberanía estatal de cada nación involucrada en el conflicto y de los diferentes estados que componían el imperio de Fernando III. Fue entonces cuando Suiza consiguió su independencia del imperio. A partir de entonces, ninguna nación ajena podría inmiscuirse en las decisiones internas de otra nación concreta y tendría que respetarse el principio de integridad territorial. Francia, debido a su aventajada situación en 1648 en relación con los demás países, fue la gran beneficiada de la Paz de Westfalia y vio cómo su territorio nacional se agrandaba incluyendo regiones que constituían parte del Imperio Germánico como Alsacia, Metz o Verdún.

Estudio literario de El Prodigio de Alemania (1634)

El recorrido histórico de *El Prodigio de Alemania* se encuadra dentro del periodo sueco al iniciarse nada más acabar la batalla de Lützen, imaginamos que poco tiempos después, el 7-8 de noviembre de 1632, y termina con la muerte del generalísimo Wallenstein durante la noche del 25 de febrero de 1634. Es decir, justo a la mitad de un conflicto europeo que vendrá a ser llamado Guerra de los

Treinta Años y cuya duración, de 1618 a 1648, permea el periodo más glorioso del teatro español. El hecho de que Wallenstein fuese el centro dramático de varias obras de teatro en España, a principios de la década de 1630, convierte al checo en una figura de sumo interés para los estudiosos del teatro español del siglo XVII. No es posible llevar a cabo un análisis completo de la participación española en el gran conflicto europeo del siglo XVII sin entrar en profundidad en la figura de Wallenstein. *El Prodigio de* Alemania, aparte de dramatizar los últimos meses de vida de Wallenstein desde la perspectiva imperial, tiene una componente externa que sirve también para conocer la situación de la política internacional del gobierno de Olivares a mediados de la Guerra de Treinta Años. Del mismo modo, la obra contribuye a comprobar la utilización del teatro como medio propagandístico y de propagación de información de carácter subjetivo debido a su enorme difusión en todas las capas de la sociedad española de la época.

La victoria en Breda en 1625 es seguramente la más celebrada durante estas tres décadas y sirvió para aislar a las Provincias Unidas de los Países Bajos de las más importantes rutas comerciales. Autores como Lope de Vega, en su *Diálogo militar en alabanza del Marqués de Espínola*, Calderón con *El sitio de Breda* o el pintor Diego Velázquez en *La rendición de Breda* celebraron la victoria del general hispano-italiano Ambrogio Spinola. José María Díez Borque indica que, a partir del reinado de Carlos I, el teatro español del Siglo de Oro «pone la historia al servicio de la causa» (186), y que durante la Guerra de los Treinta Años,

> Se escribieron obras teatrales para conmemorar hechos históricos concretos, dando a la puesta en escena un carácter de celebración y enfocando la historia desde la perspectiva exaltadora. Pero se utilizó también el teatro como componente de la fiesta pública organizada –junto a arquitectura efímera, cortejo, literatura visual, etc.- para distintas celebraciones políticas y religiosas. Éstas serán las coordenadas del teatro español referido a la Guerra de los Treinta Años, que festejará las victorias y olvidará las derrotas y la marcha general de los acontecimientos. (186)

El prodigio de Alemania, sin embargo y como mencionaba anteriormente, no es la única obra teatral sobre Wallenstein ni tampoco la única salida de la pluma de Calderón de la Barca (1600-1681). La primera de las obras designadas para glorificar la figura del condotiero checo le fue encargada a Lope de Vega y se estrenó en 1633 como se desprende, conforme señala Henry W. Sullivan, de una carta enviada por Bernardo Monanni, secretario del embajador de Florencia en Madrid. Monanni escribe a propósito de una obra de Lope de Vega calificándola de «gran comedia nuova che si faceva ne' soliti luoghi de' comedianti, della battaglia et morte del Re di Svezia» (756). En su informe, Monanni añade que la representación de la obra tuvo lugar en el palacio de El Pardo el 26 de enero asistiendo la Reina Isabel. Sin embargo, al día siguiente de la representación se emitió una orden que prohibía su representación debido a razones como la excesiva licencia tomada por el autor, el tratamiento de temas de estado, las recomendaciones de buen gobierno dirigidas a Felipe IV y al Emperador Fernando II, su presentación de la Archiduquesa Isabel Clara Eugenia de Flandes informando de negociaciones secretas al gracioso de la obra, y al hecho de que el Rey de Suecia hable en términos injuriosos y despreciativos hacia el Emperador (Sullivan 756). Don W. Cruikshank informa, a partir de la correspondencia oficial del embajador florentino, que Felipe IV pidió a su secretario Antonio de Mendoza que corrigiera los defectos de la obra antes de que pudiera ser representada. Finalmente fue la compañía de Antonio de Prado la que lo representó el 1 de febrero, de nuevo ante la reina (146).

En lo que se refiere a la presencia en las tablas de Wallenstein, Vaclav Černý fue el primer investigador en analizar la presencia de Wallenstein en una supuesta, aunque desaparecida, obra de Calderón a partir de documentos oficiales recibidos en la corte española sobre las andanzas del general. Černý realiza una reconstrucción de los hechos que podrían haber sucedido en la obra mediante una interpretación de los acontecimientos históricos que tuvieron lugar a partir de los triunfos militares de Wallenstein. Černý pensaba que Calderón no conocía la figura de Wallenstein en profundidad por lo que era de esperar que la caracterización del personaje no fuese excesivamente compleja en la obra: «Calderón n'avait aucune idee des complications infinies de la personnalite de Wallenstein, ni des circonstances du milieu local, national et religieux, qui l'avait forme» (189). Sin embargo, como se ve *El prodigio de Alemania*, el conocimiento que Calderón y Coello tenían de la vida de Wallenstein era mucho más profundo de lo que imaginaba Černý en 1962 y cuando daba la impresión de ser una caracterización más simplificada era por unos determinados motivos que obligaban a ello.

El prodigio de Alemania se sitúa dentro de un conjunto de obras teatrales cuyo contexto tiene lugar en Bohemia durante la guerra europea. El Conde-Duque de Olivares encomendó una obra a Calderón y Coello en la que se escenificaba la muerte del rey de Suecia y de la que sabemos por dos referencias contemporáneas de personas que asistieron a la representación. Serrano, embajador de Florencia en Madrid, afirmó haber asistido a una representación teatral el 4 de marzo de 1634 en la que se ensalzaban las virtudes de Wallenstein y su defensa de los intereses de España:

> Por dos grandes poetas reunidos, Calderón y Cuello, se compuso una comedia que representa las proezas del Duque de Frisland; y antes de ejecutarse en el teatro público, y como se ha hecho otras veces, porque trataba de príncipes vivos, a fin de que no se ofendiese ninguno o no se refiriese en estilo poético cosa lejana de la verdad, fue examinada de nuevo por el Consejo de Estado, y, por último, aprobada. Ha complacido mucho por el tacto con que refiere las facciones de guerra, en especial la derrota del Rey de Suecia, ponderando su valor, el de la Reina, su mujer, así como el de sus capitanes. De Frisland habla con gran decoro, haciéndole formar escudrones [sic], dar órdenes militares y representando baterías, asaltos, batallas rotas, estragos y todo notable y valeroso suceso con verdad y acierto; sobre todo, loando siempre y no diciendo mal de nadie. Solo se ha advertido que no nombra para bien ni para mal al Rey de Francia ni a francés alguno. Y en-

> tretejiéndose las sobredichas acciones de alegría y tristeza con música, apariencias oportunas de sombras y otras invenciones, ha resultado la más deleitosa obra de poesía que se ha visto hace tiempo (Cotarelo y Mori 1924, 149-150).

Aunque la muerte de Wallenstein se produjo el 25 de febrero, la información sobre ésta no llegó a Madrid hasta el 25 de marzo procedente de Viena. Al llegar la inesperada noticia, se mandó suspender la representación de la obra por razones obvias. Sería a partir de ese momento cuando comenzó a concebirse *El prodigio de Alemania*, obra que supuestamente contribuiría a eliminar al Wallenstein presentado hasta entonces para pasar a hacer ver a un traidor a España y al Emperador. Hieronymus Welsch fue otro de los que tuvieron la oportunidad de asistir a una de las representaciones de esta obra perdida como informa en su libro *Wahrhaftige Reiss-Beschreibung...* publicado en 1658 (Černý 183-4). Esto era lo que dijo al respecto,

> Sucedió en aquel tiempo que un jueves, en una de esas comedias, se ensalzaron y alabaron con tanto entusiasmo las heroicas hazañas del general imperial de Friedland, Wallenstein, después de guerra de Bohemia, lo mismo que su licenciamiento y retorno, y se menospreció la potencia sueca, que su persona y sus heroicas acciones de guerra se engrandecieron de forma que no se correspondía con la realidad, y hasta tal extremo, que muchos en la ciudad no hablaban de otra cosa... El sábado siguiente llegaron de Viena por el ordinario Avisos [...] Por las noticias de estas gacetas, la mencionada comedia no pudo representarse al domingo siguiente, tal y como estaba previsto, y las alabanzas se

> convirtieron en ignominia y menosprecio (Traducción del original alemán tomada de García Luengos 2001, 795).

Llama la atención que el embajador florentino recalque que la obra no hablaba mal ni de Francia ni de su rey, ni por supuesto del Cardinal Richelieu, el gran enemigo de Olivares. ¿A qué se debía este silencio si en España se conocía sobradamente que Francia había estado ayudando con materiales económicos y humanos a Suecia, Dinamarca y otros estados protestantes desde hacía ya varios años? El 31 de enero de 1634, Felipe IV escribía al Conde de Oñate, representante de la corona española en Viena, lugar donde se encontraba la sede principal del Imperio Germánico, para decirle que,

> [S]e entiende que el rey de Francia está resuelto a romper la guerra con el imperio y conmigo en Flandes, Alemania y Italia. Y en este sentir acá se va caminando con lo que es necesario prevenir para en este caso. Y así conviene sumamente, que vos procuréis luego con todo secreto y por los medios más eficaces que os parecieren asentar la liga con el emperador contra el rey de Francia recíprocamente y que se engruese el ejercito del duque de Feria, que el emperador se empeñe y empeñe la persona de Mechlemburg con ejercito real contra franceses como se ha escrito ... que no puedo dejar perdidos hoy todos los estados de Flandes, como parece se seguiría si los acometiesen a la par franceses y holandeses. Y en caso que el emperador desamparase esta causa, tratareis (sin romper con su majestad) ... que entre en Francia a mis órdenes otro ejercito poderoso fuera del duque de Feria...(406)[3]

Felipe IV habla de una unión que se ha de procurar «con todo secreto» para poder defenderse de un ataque que parecía que se produciría próximamente. Si se estaban llevando a cabo negociaciones, cabe la posibilidad de que, teniendo en cuenta que Calderón y Coello habían recibido el encargo de encumbrar a Wallenstein, el comandante general de los ejércitos imperiales, cualquier alusión contraria a Francia podría dar lugar a que cualquier embajador o espía francés pensara en lo que se estaba tramando tras la muerte del Rey de Suecia. Como indica García-Luengos, «que los embajadores franceses eran hombres a los que determinadas alusiones del teatro español de la época les podían agraviar queda claro en otro testimonio cercano en el tiempo, donde el afectado ... es Nicolás de los Ríos. Por un escrito firmado en Valladolid en septiembre de 1601 ... se le había prohibido el año anterior que actuase en Madrid y quizá en todo el Reino de Castilla por haber molestado al diplomático del país vecino con una de sus representaciones» (2012, 48).

El temor a que Francia entrase en la Guerra de los Treinta Años era evidente como informaban los diferentes embajadores españoles esparcidos por el Imperio Germánico. Este es el caso de Diego Saavedra Fajardo, embajador en Baviera, quien informa el 4 de febrero de 1634 al Cardenal Infante Fernando de que los franceses han puesto «la mira en las cosas de Alemania, conociendo que en la presente perturbación del Imperio pueden a poca costa, comprando unas plazas a dinero de los suecos y ocupando otras con la fuerza, extenderse por estas provincias, que les importa más que los progresos por Italia

3 Las cartas de Felipe han sido extraídas de la colección de documentos del Archivo de Simancas agrupadas por Heinrich Günter en *Die Habsburger –Liga 1625-1635. Briefe und Akten aus den General –Archiv su Simancas* (1908).

por ser estas tierras contiguas a Francia sin la interposición de los Alpes, y que este es el medio más cierto para destruir la Monarquía de Su Majestad, porque con Alemania se pueden sustentar Flandes y Italia, y sin ella, se pierde todo» (24).[4] El teatro, como queda dicho arriba, es un instrumento de expresión de emociones pero también de noticias y eventos y había que evitar que nadie sospechara lo más mínimo de lo que estaba tramando el monarca español. Debido a esta característica del teatro, Calderón escribirá *Diálogo de la guerra y la paz* como parte de un conjunto de eventos organizados durante el Carnaval de 1637 por Felipe IV para celebrar la elección de Fernando III como emperador, organizados con los mayores lujos y excesos en el Palacio del Buen Retiro de Madrid. La celebración servía también para demostrar a los franceses que había dinero para la guerra contra ellos y que la llegada de una persona nueva y joven renovaba las fuerzas de un enfrentamiento que duraba ya dos décadas.[5]

En otra carta de Felipe IV al conde de Oñate, el 28 de febrero de 1634 (tres días después de que se produjera el asesinato del duque), el rey relaciona directamente a Wallenstein («Fritland») con las negociaciones para la creación de una fuerza anti-francesa. Un mes después de la anterior misiva, los intentos para convencer a Wallenstein y aparecía el nombre del marqués de Castañeda, embajador real en Viena,

> En otro despacho os digo las formas, en que os habéis de gobernar en las cosas del duque de Fritland, y que en caso de no negociarse con él lo que ya se os ha dicho [que formase parte de la liga contra Francia], será bien reducir la asistencia de dinero a gente pagada. Vos y el mar-

4 Carta extraída del segundo volumen de *España y Europa en el Siglo XVII: Correspondencia de Saavedra Fajardo* de Quintín Aldea Vaquero.

5 Ver *Relación de solemnidades y fiestas de España* (1903) de Jenaro Alenda y Mira; Díez Borque (2001, 193).

> qués de Castañeda dejareis obras al emperador en las cosas del duque [Fritland-Wallenstein] sin arrimar a una parte ni a otra, salvo quando vieredes que se aventura el todo y que hay medio para poderlo atajar. Y si este caso llegare y fuere contra Fritlant, será bien advertirle y referirle todo lo que yo he hecho por él y he mandado que se haga, sin que en tantos años haya él ejecutado ninguna cosa en favor de mis conveniencias, siendo éstas y las del emperador unas mismas (Günter 407-8).

Con todo ello, es necesario añadir que Felipe IV había sido informado por el Conde de Oñate dos meses antes, el 29 de diciembre de 1633, de que Wallenstein parecía estar en contacto con el Rey de Francia y el Cardinal Richelieu según un informador anónimo cercano al emperador,

> Esta persona dice saber con evidencia que a los 10 de septiembre pasado, tuvo audiencia de más de tres horas del Rey de Francia y Cardenal de Richiliu solos una persona enviada por el Duque de Friedlant, sin que se haya podido penetrar lo que trató...He sabido que el deseo de Friedlant de echar al Duque de Feria de Alemania y deshacer sus tropas llego a escribir duplicadas veces al Duque de Baviera que llame Aldringuer, a quien ordenó que por ningún accidente ni de ninguna manera pisase el Ducado de Wirtembergh, siendo el único país en toda Alemania, donde estas tropas del mismo Aldringuer y del Duque de Feria podían rehacerse (Aldea Vaquero 462).

Oñate termina su carta al monarca dando su certera opinión contraria a los últimas actos realizados por Wallenstein indicando que éste «no hubiera podido obrar más contra su servicio [del Emperador] de lo que ha hecho este año» (463). Por lo ocurrido en los dos primeros meses de 1634 es de entender que Felipe IV no confiaba plenamente en la opinión de Oñate sobre Wallenstein y tenía una gran fe en lo que podía lograr el checo puesto que a finales de febrero, con bastante de desesperación, el monarca aún tenía alguna esperanza a que el general checo diese el visto bueno al proyecto secreto de la unión de estados católicos para defenderse de los esperados ataques franceses. Esta también puede ser una de las razones por la que, a pesar del negativo retrato de Wallenstein dibujado por Oñate, tanto Felipe IV como Olivares seguían esperando a que el checo aceptara sus proposiciones y de ahí la imagen positiva de éste en la obra perdida. Sin embargo, en 1628 el Conde-Duque ya sabía de las ambiciones de Wallenstein conforme a una serie de informes sobre el general que le habían hecho llegar. Emilio Beladiez precisa que estos informes contenían información en las que se señalaba que «el Duque es tan poderoso que debe agradecerse el que se conforme con una tierra como Mecklenburgo. El Emperador, en su bondad, a pesar de todas las advertencias, ha dado al Duque tal poder que no es posible dejar de sentir cierta ansiedad» (144). Seguro que Olivares tenía en mente las victorias que Wallenstein dio a España y al Imperio desde mucho antes de Lützen así como el hecho de que el emperador tuviera que volverlo a llamar, tras haberlo cesado unos años antes, debido a la suma de derrotas de los ejércitos imperiales ante el rey sueco Gustavo Adolfo. El riesgo parecía valer la pena en este contexto para los intereses españoles.

Teniendo todo esto en cuenta, ¿cómo se podía titular entonces la obra perdida? Analizando lo dicho por Serrano y Welsch acerca de la obra de Calderón y Coello representada a principios de marzo de 1634, Henry W. Sullivan (2000) propone un posible título para ella, *Las proezas de Frislán, y muerte del Rey de Suecia*. Es un título bastante plausible teniendo en cuenta las partes del argumento que se reseñaban anteriormente y que Sullivan incluso extiende a partir de comentarios contemporáneos y de obras de tema similar escritas antes y después. También se pregunta quién escribió cada acto ya que era habitual que en las obras escritas en colaboración los autores escribieran los actos por separado e individualmente. El profesor García-Luengos utiliza los comentarios de Serrano para fortalecer la idea de Calderón como autor de *El prodigio de Alemania* ya que el hecho de que no se hable de Francia en la obra perdida ni en la que vino después hace pensar que «a nadie mejor que a Coello y a él se podía encargar la escritura de una obra que mantuviera las características de la primera y recondujera, con coherencia artística y política, la historia de Wallenstein hacia donde interesaba» (2001, 49).

¿De dónde proviene entonces la idea del título de *El prodigio de Alemania* ? Es una pregunta de difícil respuesta. García-Luengos cita una relación que se encuentra en la Biblioteca Nacional de Madrid, con el título de *Relación de la traición que Alberto Wladislao de Walenstain Duque de Mechelburg y de Fridland Generalissimo del exercito imperial, y Cavallero del Tusón de oro, avia determinado de hacer contra Su Magestad y demás personas de la casa de Austria, y como habiendo sido descubierto fue muerto prodigiosamente el y sus confederados a manos de sus soldados en 26 de febrero, Domingo de Carnestolendas de este año de 1634*, para sugerir que el título de la obra de Calderón y Coello que se edita en este volumen podría estar relacionado con el «prodigiosamente» de la relación (807). Volveremos más adelante, después del análisis de la obra, a tratar el posible origen del título proponiendo otra teoría que explique la inclusión del término «prodigio» como referencia a un traidor al Imperio Germánico.

Lope de Vega se había encargado, una década antes, de glorificar la figura de Fernández de Córdoba en *La nueva victoria de don Gonzalo de Córdoba* que conmemoraba la victoria de los españoles en la Batalla de Fleurus (1622) ante los protestantes alemanes. Después de que los españoles se hicieron con la ciudad de Breda (1625), los dramaturgos comenzaron a escribir varias obras centradas en las diferentes victorias que se iban produciendo en la primera mitad de la Guerra de los Treinta Años. *El prodigio de Alemania* será una de las últimas que reflejarán la existencia de esa guerra ya que después de entonces las derrotas se irán acumulando, con escasas excepciones, hasta el final del conflicto en 1648. El mismo Calderón se encargó de dramatizar los hechos de Breda en *El sitio de Breda* (1625), escrito, como ocurriría con la obra que editamos aquí, casi al mismo tiempo en que se iban produciendo los hechos y representada antes de noviembre de 1625, no más de 4 meses después de la toma de Breda (Whitaker 1978).

La victoria en Nordlingen, en septiembre de 1634,

será la última batalla que se representará en el teatro de la época. *El primer blasón de Austria* del mismo Calderón, *Los dos Fernandos de Austria* por su colaborador Antonio Coello, o *La victoria de Nordlingen y el Infante en Alemania* de Alonso Castillo de Solórzano son algunos de los ejemplos que pretendían demostrar el potencial español incluso tras la destitución y muerte de Wallenstein. Aunque este, como sabemos, duró bastante poco. Lo que hacían los dramaturgos españoles de este periodo mediante estas obras, es decir, manipular las opiniones y sentimientos públicos a nivel masivo, era algo propio del barroco y es por ello por lo que el teatro se convierte en una herramienta que facilita dicho control sobre la sociedad en general por parte de las altas autoridades. La obra que editamos aquí iba dirigida precisa y exclusivamente a esto. Por este motivo, los autores no incluyeron discursos excesivamente retóricos o filosóficos ya que eso podría haber limitado su capacidad de comprensión y no alcanzar el objetivo fundamental: llegar al mayor número de personas lo más rápidamente posible.

El prodigio de Alemania se divide en tres actos o jornadas cuyo orden de impresión no sigue un criterio cronológico ya que los dos primeros actos están cambiados de orden en la suelta original, de modo que la jornada segunda corresponde al primer acto y la jornada primera al segundo. García-Luengos (2001), tras varias lecturas de la comedia, es el primero en darse cuenta de que el orden de las dos primeras jornadas está cambiado, «los personajes parecían olvidar las cosas que antes les habían pasado y las que estaban dispuestos a hacer, al tiempo que el orden de los episodios de la acción dramática contradecía el de los hechos históricos de referencia» (799). En la edición seguiremos el orden cronológico colocando la Jornada Segunda original en el lugar temporal que le corresponde dentro de la historia, es decir, al principio de la obra. Puede que la premura de los autores a la hora de componer la obra tenga relación con este desorden en la edición suelta original aunque no sabemos cuándo se imprimió ésta. Es de suponer que si Calderón pudo escribir *El sitio de Breda* en un periodo inferior a cuatro meses (Whitaker 519), los dos autores se habrían dado mucha más prisa ya que trabajaban en equipo y tenían que corregir el texto anterior que elogiaba la figura de Wallenstein lo antes posible de modo que el público comprendiera los problemas que el general había creado supuestamente a los intereses españoles en Europa.

El 25 de marzo llegaron las noticias de Viena anunciando la muerte de Wallenstein con lo que me aventuro a creer que a finales de abril o principios de mayo podría haberse representado la obra. García-Luengos señala que «es de toda lógica pensar que las mismas fuerzas políticas y artísticas que habían promovido la exaltación del traidor ahora intentasen reflejar su estrepitosa caída» (2012, 46). El teatro de Calderón, como había ocurrido con Breda o la obra perdida sobre Lützen, se involucraba directamente en la representación de los conflictos bélicos así como en la causa política y belicista que apoyaba el gobierno de Olivares. La Guerra de Treinta Años va a marcar la vida y obra de don Pedro ya que da comienzo cuando nuestro autor contaba con 18 años de edad y comenzaba su interés por la literatura mientras era estudiante en la Universidad de Salamanca y presentaba poemas a certámenes poéticos. De igual modo, escribirá sus obras más representativas y representadas (*La vida es sueño*, *La dama duende* y *El alcalde de Zalamea*) y publicará la *Primera Parte de comedias de don Pedro Calderón de la Barca* (1636) durante los años más decisivos de dicha guerra. Es entonces cuando Calderón se dispone a preparar *El prodigio de Alemania* con Antonio Coello.

JORNADA PRIMERA: CELEBRANDO LÜTZEN

La jornada primera comienza con la salida del Capitán de Bros y su criado Roberto. El capitán es oficial de Wallenstein y va de camino a la Corte de Viena para informar al Emperador de lo sucedido en la batalla de Lützen: «al de Frislán / obedezco, porque importa / avisar con brevedad / a la Cesárea persona / del Emperador, la muerte / del de Suecia» (12A). Roberto, por su parte, engrandece la victoria del ejército imperial liderado por Wallenstein, «gloriosa victoria ha sido» (12A), y el Capitán subraya: «no se lee mas gloriosa, / ni en crónicas de España / ni en los anales de agora» (12A). Dentro del marco de la Guerra de los Treinta Años la batalla de Lützen tenía una importancia fundamental cuando se representó la obra, en algún momento entre abril y mayo de 1634, puesto que ya había pasado año y medio desde entonces y los suecos estaban cerca de anunciar su retirada del conflicto tras sufrir varias derrotas más después de

Lützen. La función de la escena entre señor y criado es la de situar al espectador en el momento histórico preciso en que se está produciendo el comienzo de la obra.

Hay que tener en cuenta que los españoles estaban al tanto de lo que iba ocurriendo en las diferentes batallas de la guerra y el teatro servía de medio de comunicación directa con el pueblo así como de reflejo de una realidad histórica concreta y cercana a los ideales de los poderes políticos. Al precisar el Capitán que están cansados porque hay que informar al emperador de «la muerte del de Suecia», el espectador puede situar el presente del argumento construyendo el pasado a partir de la información que cada uno tenga de lo ocurrido en Lützen. Dicha construcción tendrá que ser modificada conforme avance la historia ya que el acontecimiento que la cierra, la muerte de Wallenstein, no ocurre sino hasta 16 meses después del comienzo de la obra si tenemos en cuenta el tiempo histórico. Podemos conjeturar que Calderón y Coello consideraron necesario que una obra que iba a representar los últimos días en la vida de Wallenstein debía dar comienzo justo después de que se haya producido su victoria más importante en favor del Imperio Germánico. Por ello, me inclino a pensar que existen partes *El prodigio de Alemania*, especialmente al principio como veremos con mayor detalle después, que elogian los servicios de Wallenstein al emperador y que bien podrían haber estado presentes en la obra perdida y representada antes de conocer su muerte y en la que sabemos que se hacía precisamente eso. La premura a la hora de escribir y representar una obra que corrigiese la anterior sobre el mismo personaje fortalece todavía más esta posibilidad como ha señalado ya García Luengos.

Es muy poco lo que se conoce del Capitán de Bros además de que su personaje está basado en el personaje histórico de Walter Devereux, oficial irlandés, y que su nombre, como sucede con otros personajes de la obra, ha sido hispanizado como era norma en el teatro de la época con los nombres que sonasen extraños para el gran público.[6] En la obra, debido a su función de asesino de Wallenstein, toma un mayor protagonismo del que realmente tuvo en la conspiración para acabar con la vida del general bohemio. Calderón y Coello introducen desde el principio de la obra una trama amorosa que va a discurrir paralelamente a la trama histórica y principal y utilizan al gracioso, Morolludo, para que haga el rol de unidor de tramas al proporcionar una información determinada al Capitán cuando éste y Roberto se pierden en el campo y no encuentran el camino para llegar a la Corte de Viena. Es entonces cuando hace su aparición el gracioso quien, en un parlamento de 36 versos, informa al Capitán de una mujer que vive en un castillo cercano a donde se encuentran en ese momento y que resulta ser Isabela, la dama de quien está enamorado el Capitán, una gran belleza de cabellos pelirrojos.

Es habitual que en el teatro de Calderón sea el gracioso el que informe al personaje principal dónde se encuentra, normalmente después de haberse perdido, al inicio de la obra. Esto ocurre sobre todo en el gracioso de los entremeses de Calderón (Lobato 269-71). Todo esto

---

6 Walter Devereux aparece mencionado como el asesino de Wallenstein en la novela póstuma de Philip K. Dick *The Transmigration of Timothy Archer* (1982), la cual hace constantes alusiones a la trilogía dramática de Wallenstein del alemán Schiller, y en la que indica que Devereux era inglés en vez de irlandés. Tres siglos y medio después el nombre de Devereux sigue siendo el de un gran desconocido del que únicamente se habla para referir la muerte de Wallenstein.

desencadena la aparición de un nuevo personaje, el Mariscal, quien también espera recibir la mano de Isabela. Sin embargo, el Mariscal huye tras darse cuenta de que el Capitán está allí y éste se queda solo con Isabela quien le cuenta que,

> Cuando
> de aquel traidor (aún pienso que temblando
> está mi corazón) me vi asaltada,
> que como de mi pecho despreciada,
> su loca voluntad siempre había sido,
> o fuese con las alas de valido
> del duque de Frislán, intento ciego,
> que hiciese la traición lo que no el ruego,
> mi honor, aunque dormido, vigilante,
> me despertó con ánimo constante. (17)

Los autores de la obra utilizan el primer desencuentro con el Mariscal, el Capitán e Isabela como protagonistas de la obra para fijar las dos tramas que se irán sucediendo, mencionar a Wallenstein (duque de Frislán) y asignar determinadas características a estos tres personajes que se mantendrán a lo largo de la historia y que servirán también para establecer los dos grupos que permanecerán hasta el final: el grupo imperialista, o defensor de los ideales del emperador, conformado por el Capitán de Bros, y el grupo anti-imperialista, o mejor dicho contrarios a Fernando II y a su hijo el rey de Hungría, encabezado por Frislán y el Mariscal.

Como señalaba anteriormente, el personaje que desencadena la situación de tensión es el gracioso Morolludo, quien va a tener una participación más extensa que la del típico gracioso de la comedia del Siglo de

Oro español. Es muy posible que esto se debiera a que el papel fuera interpretado por el famoso actor cómico Juan Rana y, de ahí, su mayor presencia sobre las tablas. En el primer acto, Morolludo hace una sugerencia a Laureta, su mujer, de ir del monte hacia el valle, que parece confirmar su identidad actoral,

> Al valle Laureta, al valle,
> que según el agua moja,
> me han de llamar abadejo,
> si *rana* he sido hasta ahora. (4)

Juan Rana era la estrella del entremés, una pieza de carácter cómico que solía representarse entre las jornadas de una obra mayor, y cuya fama llegaba a tales límites que podía incluso asegurar el éxito de una obra por el número de espectadores que llegaba a atraer a los corrales de comedias y a quien el propio Calderón llegó a denominar el «máximo gracioso» de los actores de su tiempo (Thompson 3-4).[7] La presencia de un actor tan popular le proporcionaba una mayor difusión a la nueva versión de la historia de Wallenstein que cambiaba lo dicho anteriormente en la obra perdida. Teniendo en cuenta que era un actor muy afamado para quien muchos papeles eran escritos *ex profeso*, y a la referencia a la «rana» en sus primeras palabras en la obra, parece bastante evidente que Calderón y Coello pensaron en él desde muy pronto. A García-Luengos también le parece claro «que el responsable o los responsables del texto tuvieron en mente al escribir la obra la identidad y aptitudes del actor que iba a representar el personaje de Morolludo. Solo esto justificaría el crecido número de pasos en que interviene y de

---

7 Lobato cifra en siete las obras cortas (mojigangas y entremeses) en las que Juan Rana era el protagonista principal (271).

versos que recita, dentro de una comedia de temas suficientemente serios» (2001, 816).

El personaje de Morolludo facilitaba la llegada del discurso principal de la obra a una amplia mayoría de tipos de público. Su caracterización y su discurso son los de un villano como bien se encargan los autores de indicarlo en la acotación que precede a la entrada de él con su mujer: «Salen Morolludo y Laureta de villanos bajando el monte». Roberto, el criado del Capitán y personaje más cercano a Morolludo en clase social, es quien indica al público que la inteligencia de Morolludo no es la de un típico villano: «No es nada bobo el villano» (9). Una de las funciones que suelen tener los graciosos en el teatro del Siglo de Oro es la de recordar al espectador que lo que está viendo es una historia ficticia. Esto puede hacerlo mediante sus constantes alusiones de carácter cómico a la obra como producción creada de manera artificiosa para entretener y divertir y no una declaración de la realidad objetiva. Morolludo también lo hace al comienzo de *El prodigio de Alemania* cuando, en una discusión acalorada con su mujer, ésta lo llama traidor y él responde: «Esto me diréis mujer luego que empiece la obra» (6). Sin embargo, como ya hemos visto en los párrafos anteriores, existía una serie de intereses en hacer pensar a los espectadores que asistían a la obra que lo que aparece en la representación era la verdad histórica por lo que solo existe esa alusión, y la referencia a su nombre artístico (pero siempre al principio de la representación cuando la trama no se ha desarrollado aún), a *El prodigio de Alemania* como obra, es decir como invención creada a partir de la imaginación de unos autores, para no desviar la atención del objetivo primordial de la representación. De igual modo Morolludo, en vez de dirigir numerosos apartes al público como suele hacer el gracioso en el teatro calderoniano, no se dirige a éste en ningún momento de la obra para hacerlo reír sino que la risa se produce a través de su interacción frente a Wallenstein.

El gracioso adquiere una gran relevancia en la introducción de las ideas conspirativas del duque Wallenstein. En la primera jornada, aparece el general herido después de la batalla mostrándose ya desde el inicio como un personaje misterioso cuyo discurso va centrándose cada vez más en un ataque a las ideas imperiales actuales. Después de su largo y solemne parlamento (que analizaremos con detalle más adelante) en el que se autoproclama salvador de España y del Imperio Germánico, define la victoria en Lützen como una «que excede a las de Alejandro / y a las de Escipión afrenta» (22), y se presenta como el próximo César, es Morolludo quien responde gritando «El emperador» por dos veces. El hecho de que sea el gracioso quien haga mención al emperador en un momento de declaración de intenciones contrarias a éste, que suponen el comienzo de la trama dramática-histórica de la obra, degrada el discurso de Wallenstein y lo minimiza hasta el punto de ser interrumpido por un personaje de la clase más baja posible. Cuando el Duque pregunta quién fue el que nombró al emperador en dos ocasiones, Morolludo responde empleando un tono de burla e incluso llegando a recomendar a Wallenstein lo que tiene que hacer,

> [E]n su muladar gallean

todos los gallos, aqueste
su muladar proprio deja,
y por no entrar en refranes,
en los ajenos se acuesta,
imperial cresta le adorna
pues de vasallo te precias
del Emperador, no es bien
que porque tanto asemeja
a la Corona Imperial,
siendo un símbolo su cresta,
le des la muerte, demás
que no eres Pedro que niega
a Cristo, para que un gallo
tanto al oído te ofenda,
aunque como eres León,
no es mucho que le aborrezcas,
porque dizque a los leones
les dan los gallos dentera,
misericordia mi gallo. (30)

Al burlarse Morolludo del Duque, los autores conseguían subvertir el propósito sobrio y solemne de derrocar al emperador al igualarlo con el de un bufón. El gracioso en *El prodigio de Alemania*, aunque no presenta una personalidad definida ni articulada, se convierte en una especie de pícaro capaz de rebelarse ante la autoridad representada por el Duque. Sin embargo, aunque normalmente el pícaro se rebela ante el sistema establecido, aquí sale en defensa de éste. La obra es en sí un conjunto compuesto para afirmar la autoridad de Felipe IV y Fernando II y el gracioso es el primero que, mediante un discurso lleno de ironías y chascarrillos, desafía al anti-sistema que duda de la valía de las dos figuras más distinguidas dentro del organigrama oficial y definidas por Wallenstein como «Filipo el grande y el Supremo César» (26). Una de las formas que tiene Morolludo de desafiar a Wallenstein es mediante el lenguaje. En este caso, el gracioso se dirige al Duque utilizando términos pronunciados con lo que parece ser un cierto acento andaluz, con un rotacismo de la «l» y una pronunciación seseante de la «z» en «artesa», llegando incluso a componer una copla en homenaje a él:

Atienda su Artesa,
el gran Duco de fray Juan,
Alberto de Balestán. (*Canta y baila*)
Oh, Alberto de Ballestón,
al sueco en conclusión
le ha dado de perro pan. (31)

Morolludo trivializa en esta escena la importancia de la posición del Duque, utilizando un lenguaje vulgar y villano poco apropiado para celebrar una victoria que para el Duque ha sido tan importante, así como la misión que el general quiere llevar a cabo próximamente. La primera reacción de Wallenstein es la de considerarlo un mal augurio pensando que «profeta / esta voz sirve de anuncio / de alguna infeliz tragedia» (27), anticipando lo que sucederá al final de la obra. Tras intercambiar unas palabras con Morolludo, el mismo Duque reconoce que se siente nervioso por lo que eso pueda significar otorgándole mucha importancia a los comentarios del gracioso: «¿que puedan / los acasos de un villano alterarme? / Qué molesta vive en mí la fantasía.» (30). En el teatro del Siglo de Oro, las personas con poder reaccionan ante los chistes del gracioso con la ignorancia o la minimización por respuesta. El personaje de Wallenstein, sin embargo, se altera por estos comentarios mostrándose inseguro por lo que quiere llevar a cabo en el futuro. Morolludo es el único que es capaz de decirle lo que piensa al Duque, hecho que los demás oficiales afines al emperador no se atreven por miedo a que la situación empeore. En definitiva, Morolludo transmite más directamente el pensamiento de los creadores de la obra, y por tanto de Felipe IV y Olivares, mientras que los oficiales son representados como hombres de acción que serán los encargados de ejecutar las órdenes del emperador.

La representación de Morolludo sirve, entonces, para definir al personaje del Duque Wallenstein de manera más precisa. Podemos considerar al Duque el personaje más importante de la obra aunque el Capitán tenga un protagonismo muy importante también y que analizaremos más adelante. Wallenstein hace su entrada en escena después de la batalla de Lützen apareciendo herido como el personaje del Mariscal aclara: «cansado vendrá sin duda / de la batalla sangrienta» (20). El personaje dramático del Mariscal, de quien nunca se menciona su nombre sino únicamente su rango militar, está basado en Christian von Ilow, militar ascendido a mariscal de campo del ejército imperial por el propio Wallenstein, y que, como se verá en el desarrollo de la historia, se mantendrá fiel al general hasta el ultimo momento. Wallenstein va camino de Viena y aparece acompañado por tres de sus oficiales: el Mariscal, Tersa y el Coronel Cordón. Como ya señalé con anterioridad, Calderón y Coello conocían con detalles la situación de Wallenstein en los últimos años e introducen a un personaje con problemas para caminar, algo que verdaderamente sucedió y que, como informa Fuller (78), antes de la batalla había sufrido un ataque de gota que probablemente aun padeciera en el momento que se describe en la obra y que venía sufriendo con frecuente intensidad desde 1625 (Beladiez 173).

El personaje de Tersa está basado del Conde Trčka, cuñado de Wallenstein, y que tendrá un papel importante en la obra representando a uno de los oficiales leales a este, como la acotación escénica inmediatamente anterior a la salida del Duque especifica: «Salga el Duque arrimado al Mariscal y al Coronel Tersa». El uso por parte de los autores del verbo «arrimar» alude semánticamente a la cercanía que estos dos personajes van a tener con Wallenstein. Cuando el Duque llama a sus dos acompañantes para informarles de algo importante lo hace diciendo: «Mariscal, Coronel, Tersa, / llegad todos, que los dos / sois columnas que sustentan / el peso de mis hazañas» (21). A pesar de que el Coronel Cordón se encontraba cerca, Wallenstein considera el trabajo de estos dos como el más importante en el campo de batalla a pesar de que todos combatieron en Lützen anticipando así su desconfianza hacia Cordón y mostrándoselo al público para que comience a hacerse una idea de los dos grupos principales de la obra.

El tercer oficial que va a aparecer en la escena es el personaje histórico del Coronel John Gordon, de origen escoces, pro imperialista y gobernador de la plaza fuerte de Egra, posición que le otorgará un papel destacado en la preparación del asesinato de Wallenstein. Aunque, como indica Peter H. Wilson, Gordon era calvinista y el único del grupo de oficiales de Wallenstein que no era de origen católico (538), esto no se menciona en ningún momento de la obra ya que el hecho de anunciar su protestantismo, en un personaje que defendía el imperio ante los usurpadores, habría roto el esquema básico previsto de colocarle la etiqueta de «bueno» a todo aquel que defendía el Imperio y de «malo» al que apoyase la intención derrocadora de Wallenstein. Ni a los autores ni, por supuesto, a las autoridades interesaba que el público pusiera en duda la valentía y nobleza de este personaje complicando el argumento. En un aparte, Cordón es consciente de que Wallenstein lo ignora: «De mí el Duque no hace cuenta, / no importa, vasallo soy / del Emperador, él premia / solamente a los vasallos» (21). Al presentarse al público como «vasallo del emperador», la escena sirve para delimitar a los oficiales de Wallenstein y dividirlos en dos grupos: los que se alinean a su lado y los que están del lado del emperador. De igual modo, es en esta escena cuando Wallenstein premia la fidelidad del Mariscal prometiéndole mediar entre Isabela y él para que se puedan casar: «terciar quiero / en vuestra amorosa pena» (24).

Mientras el Mariscal va, a petición del Duque, a buscar a Isabela éste produce el primero de sus dos soliloquios en la obra. En este el general muestra deseos de venganza hacia el emperador por haberle cesado de su puesto de generalísimo del ejercito imperial: «presto / he de vengar esta ofensa» (26). Calderón y Coello utilizan el soliloquio como instrumento para contextualizar la escena y presentan el recorrido histórico de Wallenstein recreando los supuestos motivos por los que después querrá rebelarse ante «el supremo César». Podemos suponer que esta parte no se encontraba en la obra anterior, aun cuando aparezca aquí en el primer acto, y que fue añadida por los autores para construir el personaje de Wallenstein simplificando sus motivos para que el público pudiera entender que la rebelión liderada por el Duque se debía al rencor que guardaba todavía después de varios años de haber sucedido. De cualquier modo, los autores presentan de nuevo unos hechos históricos que se correspondían con lo sucedido en los últimos años de Wallenstein. Estas atribuciones fortalecen la idea de que Calderón y Coello seguían ordenes de Olivares para dar a entender en la obra que Wallenstein actuó así porque no había olvidado ni admitido su cese. De este modo, Calderón y Coello seguían la línea argumentativa simplificadora a la que aludíamos antes. El comienzo de *El prodigio de Alemania* se produce *in medias res* por lo que la información histórica que se presenta en estos soliloquios ayudaban a rellenar un hueco que hacía más comprensible los deseos de venganza de Wallenstein.

La trama amorosa, como señalábamos anteriormente en relación a Morolludo y a su participación en ambas tramas, va siempre unida a la trama histórica y contribuye a agitar los acontecimientos en relación con el intento de golpe de estado de Wallenstein. Cuando Isabela niega la mano del Mariscal, a petición de Wallenstein, y le informa de que ella solo obedece al César, se aceleran los acontecimientos y el general marcha a Viena para iniciar su plan de usurpación invocando el proverbio latino *aut Caesar aut nihil*:

> Hola, llegad la carroza,
> ven Mariscal a Viena,
> que *he de ser César o nada*,
> porque mis órdenes tema,
> porque logre mis designios,
> porque Isabela te quiera. (35)

Tras la salida de Wallenstein, la acción regresa a la corte imperial en la que el Capitán presenta uno de los parlamentos más largos de la obra y en el que describe lo ocurrido en la batalla de Lützen delante del emperador. Golo Mann, autor de la biografía más clásica y conocida de Wallenstein, indica que la persona que llegó a la Corte de Viena, con una carta de Wallenstein para el emperador, fue el italiano Giulio Diodati (664-65). Aparte de al emperador, el Capitán pronuncia el relato de Lützen delante del Rey de Hungría, Fernando III, y la Reina María Ana de Austria. El nombre de pila del monarca no será mencionado hasta el final de la obra cuando, tras la muerte de Wallenstein, su padre lo nombra nuevo generalísimo de los ejércitos imperiales. El discurso del capitán elogia el comportamiento de Wallenstein en la batalla considerándolo «columna y apoyo» (39) del emperador. A pesar de que el Capitán precisa que «en una pierna fue herido / el de Frislán» (42), la realidad histórica es que Wallenstein nunca llegó a entrar en combate físicamente (Mann 663). De Bros también ensalza la valentía y buen hacer del Rey Gustavo Adolfo de Suecia, muerto en la batalla. Como señalaba Serrano en referencia a la obra perdida de Wallenstein estrenada en los primeros días de marzo de 1634, en la que destacaba el valor con el que se representaba al monarca sueco, a su mujer y a sus capitanes, de Bros hace justamente lo mismo en este parlamento delante del emperador:

Que aunque nombro a tu enemigo,
con admiración lo nombro,
porque hace el vencido fuerte
al vencedor más glorioso.
Después que llegó triunfante
de Alemania a los contornos,
cual suele el airado rayo,
de las esferas aborto,
que taladrando las nubes,
es barrena de sus globos,
derribar soberbia torre,
abrazar humilde soto,
deshacer robusta encina,
requemar constante escollo,
o como la mina oculta
de la llama el primer soplo,
arrancar inmóviles peñas,
que del fuego artificioso
impelidos suben tanto,
que en el alcázar lustroso
de sol quieren ser columnas,
o barandas de su solio. (37)

La admiración que relata el Capitán hacia Gustavo Adolfo se corresponde con la descripción del embajador florentino por lo que es posible que los autores tomaran este parlamento de la obra perdida ya que en la segunda parte también alaba la actitud valerosa de Wallenstein en la batalla considerándolo «el rayo de Alemania» que acabó con «el que era asombro de Europa» para bien de todo el Imperio Germánico. García Luengos considera que el parlamento del Capitán de Bros ha sido trasladado de la obra desaparecida con las mismas palabras a *El prodigio de Alemania* (2001).

La admiración por el vencido, su honradez y valentía, es una característica que ya había aparecido en otras obras de Calderón de la Barca. En *Los Macabeos*, representada en el Palacio Real de Madrid en 1623, Calderón cuenta la historia de tres hermanos judíos del siglo II a.C., Judas, Simeón y Jonatán, conocidos como los macabeos. Judas, el guerrero, lucha para defender los valores de su religión. Al ser representado en la corte, los asistentes verían un paralelismo con el papel en la Guerra de los Treinta Años, que había empezado cinco años antes, de los tres miembros de la Casa de Habsburgo: Felipe IV, el Emperador Fernando II y el infante don Carlos, hermano del monarca. Cuando el personaje de Judas mata al asirio Gorgias, enuncia un largo parlamento en el que habla de su pasado y resalta la admiración que sentía hacia el muerto en el campo de batalla en un estilo que recuerda mucho al discurso del Capitán de Bros y al de otras obras calderonianas en las que se alaban las virtudes del derrotado,

> Gorgias, este, a quien la muerte
> apenas rendirle pudo,
> pues pesar de su olvido
> vivirá siglos futuros,
> este, que, aunque mi contrario,
> doy alabanzas, y cuyo

> valor tanto envidié vivo,
> cuanto venero difunto,
> después de haber animoso
> rendido en el campo a muchos
> enemigos, nos hallamos
> cuerpo a cuerpo los dos juntos.
> (Jornada III, Edición de J.J. Keil p. 248)

El sitio de Breda, también dentro del marco de la Guerra de los Treinta Años es la única obra de Calderón en la que se describe una batalla de dicho conflicto (Casa 298). De igual modo que suponemos para *El prodigio de Alemania*, Calderón había recibido el encargo del Conde-Duque de Olivares para representar la obra en el Alcázar Real de Madrid a finales de 1625 (Whitaker 518-20). En *El sitio de Breda*, los españoles elogian al enemigo derrotado en varias ocasiones a lo largo de la obra. La idea de respetar el honor del enemigo es también usado como un medio para elevar el propio honor de los españoles, capaces de mantenerse en su alta nobleza y de no humillar al protestante aun cuando éste ya ha sido derrotado incluso si, al contrario de *Los Macabeos* o *El prodigio*, éste no ha fallecido en el campo de batalla. El general Espínola lo entiende justamente así cuando comienza a ser consciente de su superioridad y de que la ciudad de Breda se va a entregar y exige respeto por sus ciudadanos:

> Y puesto que ella se humilla,
> no hay que apretar demasiado,
> que mayor nobleza ha sido
> tener lástima al vencido,
> que verle desestimado
> con arrogancia. (501-506)

Lo mismo reconoce el personaje del Conde Enrique de Vergas, «honrar al vencido es / una acción que dignamente / el que es noble vencedor / al que es vencido debe»(806-809) porque «mientras más lucidos fueren / será mayor la victoria»(815-816). De igual modo, Espínola habla de una «Breda invencible» mientras que define al coronel Morgán, responsable de la defensa de los protestantes, como «hombre de inteligencia, / muy altivo e ingenioso» y a Justino de Nassau como una persona que muestra «gran valor y gran prudencia». Al final de la obra, cuando Justino de Nassau le entrega las llaves de Breda al general Espínola, momento que se representa en el cuadro compuesto por Velázquez una década después, el español aprovecha para reiterar la idea de que el respeto hacia el enemigo derrotado hace más grande al vencedor:

Justino, yo las recibo
y conozco que valiente
sois: que *el valor del vencido*
hace famoso al que vence. (3213-3216)

El relato que realiza el Capitán de la batalla de Lützen es una relación en romances y contiene las primeras referencias directas y precisas que aparecen en la obra sobre la batalla. Al contrario de la obra sobre Breda, en la que la batalla tiene lugar durante la acción dramática, en *El prodigio de Alemania* el enfrentamiento aparece descrito en las palabras del Capitán. De Bros sigue un discurso que continua con los términos que hemos mencionado en el párrafo anterior, busca el engrandecimiento de la victoria, esta vez exagerando el número de soldados que conformaba el ejército sueco y minimizando los que formaban el español: «veinte mil eran los suyos, / y catorce mil los nuestros» (39). Sin embargo, hay que indicar que no hay un consenso entre los historiadores que han estudiado la batalla de Lützen a la hora de contabilizar los soldados en cada lado. Curiosamente, Peter Wilson, autor de la monografía más reciente sobre la guerra, *The Thirty Years' War: Europe's Tragedy* (2009), propone unos números que se acercan mucho a los citados por el Capitán. Otros consideran otras cifras y algunos incluso llegan a indicar que había más católicos que protestantes.[8] Sin embargo, a la construcción del discurso del Capitán le venía bien considerarse en inferioridad al comienzo de la batalla para, aparte de magnificar la destreza de los soldados católicos, llamar la atención de la llegada al mediodía de Papenain:

> [E]l Conde Papenain, a quien debe el mundo elogios,
> mal herido en la campaña,
> era agarrochado toro,
> que hechos espín los dientes
> fuego echando por los ojos,
> su pie partido en la arena,
> labra sepultura y foso,
> adonde entierran la causa
> de su agravio y de su enojo
> pero al fin vendió su vida,
> aunque en precio bien costoso. (41)

El Capitán se refiere al general Gottfried Pappenheim, el cual falleció en el campo de batalla después de haber sido llamado por Wallenstein para que lo ayudase con su ejército.[9] La inclusión de Papenain fortalecía también el carácter de unión y trabajo conjunto con el que se quería definir al

---

8 Wedgwood sitúa en 26.000 las fuerzas católicas y en 16.000 las protestantes; Mann dice que los católicos eran 16.000 y los protestantes entre 18.000 y 19.000 y da por hecho que los suecos "were at any rate more than the imperialists" (654); Fuller contabiliza 17.000 católicos frente a 18.000 protestantes.

ejército católico llevándolo al extremo de «vender la vida» por la defensa de los valores imperiales. El Capitán también hace mención de las bajas en ambos contendientes de Lützen en su parlamento frente al emperador: «murieron del de Suecia doce mil hombres y sólo / tres mil de tus imperiales» (42) y en la que Calderón y Coello, como en el caso anterior, se acercan bastante a la realidad de lo ocurrido (Rueda 99). De nuevo, como señalábamos antes, cabe preguntarse si esta información ya constaba en la obra perdida o si los autores tuvieron que consultar fuentes oficiales, imaginamos que rápidamente proporcionadas por los hombres de Olivares, para poder escribir y representar *El prodigio de Alemania* lo más pronto posible después de que se enteraran de la muerte de Wallenstein.

El primer acto termina con la llegada de Wallenstein a la corte donde es recibido efusivamente por el emperador y ratifica su confianza en él: «aunque alguno ha pretendido / derribar nuestra amistad, / nunca de vuestra lealtad / traición mi pecho ha creído, / como creerlo, es locura / el pensarlo solamente» (48). ¿Por qué habla de lealtad el Emperador cuando no se ha hecho ninguna mención de ello en el parlamento del Capitán? Si la llegada del Capitán a la corte y su posterior parlamento ante las autoridades es muy posible que hubiera sido trasladada de la obra perdida a ésta, parece bastante evidente que los autores añadieron estos versos al final del primer acto para anticipar lo que va a ocurrir en los dos próximos actos e ir dotando a la historia de mayor fuerza dramática entrando ya en acción los hechos que motivaron que se les encargara esta obra. De nuevo, como con la mayor

9 La relación entre Wallenstein y Pappenheim era tan cercana que, como señala Mann, incluso llegó a encomendarle bajo su protección a su esposa e hijos antes de fallecer en Lützen (657).

presencia del Capitán de Bros, los autores se toman la licencia poética de inventarse esta visita de Wallenstein al Emperador que nunca se produjo después de Lützen. Tras la batalla, Wallenstein se dirige a Praga adonde llega el 2 de diciembre y donde permanecerá durante más de cinco meses (Mann 666-71). Según Mann, el general llegó incluso a recibir en Praga a políticos enviados por el Emperador puesto que le interesaba conocer la opinión personal de éstos acerca de las negociaciones entre imperialistas y protestantes para decidir el fin de la guerra (684). La Reina María Ana de Austria, que está presente en la reunión en todo momento, sólo interviene en una ocasión para responder a un «viva Alemania», lanzado por su esposo, con un «a pesar / de todos los rebelados / ... / mueran los confederados» (49). Los autores dejaban abierta la intriga conspiradora justo en la última intervención del primer acto cuando a Wallenstein le vuelven las mismas dudas que había mostrado anteriormente después de las palabras de Morolludo:

> Por esta beldad extraña
> mudar quisiera intención,
> que me dan veneración
> todas las cosas de España. (50)

JORNADA SEGUNDA: PLANES PARA UNA CONSPIRACIÓN

La segunda jornada da comienzo con el Capitán declarándole su amor a Isabela, que tiene la cara cubierta con una máscara, y con ésta correspondiéndoselo. El comienzo sirve así para enderezar el tema principal para el que se escribió la obra y utiliza la trama amorosa para enlazar de nuevo a los dos grupos que, a partir de ahora, van a enfrentarse hasta el final de la trama dramática. Los autores también incluyen un intento de seducción de Roberto, criado del Capitán, con Laureta, criada de Isabela y esposa de Morolludo. Este hecho viene precedido por la llegada del Mariscal quien se da cuenta de que el Capitán está con Isabela y aparece en el momento en que a ésta se le cae la máscara, la cual es agarrada por ambos pretendientes al mismo momento. La máscara de Isabela, símbolo de la tensión amorosa de la obra en esta escena específica, tiene la función de anticipar la lucha entre los dos bandos principales de la obra: los imperialistas del Capitán y los wallenstinianistas (si se me permite la palabra) encabezados por el Mariscal. A partir de la lucha por quedarse con la máscara de Isabela, un artículo material que representa el amor y su correspondencia, la lucha se universaliza y entran en juego conceptos fundamentales del Siglo de Oro español como el honor, la fidelidad al monarca y la defensa de los ideales católicos. Por eso, justo cuando se produce dicho enfrentamiento por la posesión de la máscara hace su entrada en escena el personaje del Duque para mediar por el Mariscal ante Isabela. La pretendida mujer, consciente de que el Capitán sería objeto de las iras de Wallenstein si ella hiciera público su amor por de Bros, acepta la mano del Mariscal para sorpresa del Capitán quien no sabe ni entiende a qué se debe esto. En la misma escena, el Duque relaciona la trama amorosa directamente con la trama dramática antes de exponer su plan futuro a los oficiales:

Solos habemos quedado,
y en amorosos extremos
divertidos aun no habemos
de lo que importa tratado. (58)

Después de «resolver» el conflicto amoroso, Wallenstein llama al Mariscal, al Coronel, al Capitán y a su cuñado, el Conde, para que vengan a su tienda a escuchar su plan por el que «a manejar la espada / está voceando Marte» (58). Antes de salir hacia la tienda les sugiere «que no entre quien no es mi amigo» (59) demostrando que sospecha de que alguno de ellos no va a seguir su plan no por fidelidad al emperador sino por falta de amistad hacia su persona. El Duque entiende la amistad como un concepto de máxima elevación que no tiene nada por encima y que presenta un carácter innegociable e irremplazable. La idea de amigo es la de alguien que no pone en duda las ideas ni los ideales y que acompaña hasta el final sin importar las consecuencias por lo que era fundamentalmente demostrable mediante hechos y acciones leales y no mediante palabras. Los oficiales, que ya han asimilado esta concepción por haber luchado junto a él desde hace tiempo, responden a esa llamada de confianza ofreciendo que son, precisamente, irremplazables como el pecho, la vida y la fe. Tras conocer la lealtad de todos estos oficiales, Wallenstein da comienzo al parlamento más largo de la obra en la que el generalísimo define quién es recordando su pasado hasta la victoria en Lützen. Considerando que *El prodigio de Alemania* comienza *in medias res* y que no representa en escena ninguna de las batallas en las que luchó Wallenstein, ni siquiera la de Lützen, y que se centra en el intento de golpe de estado de éste, lo ocurrido en los últimos años de la Guerra de los Treinta Años se representa en el escenario mediante la información que se emite en los largos parlamentos.[10] De nuevo, el parlamento de Wallenstein es el instrumento de contextualización histórica mediante el que los espectadores actualizan o inauguran su conocimiento, siempre desde la perspectiva oficialista seguida por los autores, de la vida y carrera de Wallenstein hasta el momento que está siendo representado en el escenario.

El parlamento autobiográfico de Wallenstein es presentado como «mis blasones», es decir, los motivos y hechos por los que ha ido ganando fortuna y respeto, la construcción de una compleja identidad que ahora pretende dar un paso adelante. Un blasón es un escudo de armas pero también puede significar el arte de explicar o describir éstos, que es exactamente lo que va a hacer Wallenstein en su extenso parlamento desde sus orígenes repasando los momentos más gloriosos de su recorrido vital. El discurso comienza con la alusión a su lugar de origen, el reino de Bohemia, descrito como una especie de *locus amoenus*. Los autores componen una Bohemia que se define como un lugar en el que abundan los árboles, los bosques, los animales, «montes, pueblos y plantas» (61). Sin embargo, Wallenstein confronta este lugar de sosiego con un lugar lleno de horrores que han servido para construir su personalidad dotándola de inteligencia y amor por la naturaleza pero también de «denuedo y fiereza» como demuestran sus cualidades de buen guerrero. Es esta mezcla la que conforma, según el parlamento, el

10 La ausencia de acción bélica también se podía deber a que la preparación de un escenario más detallado y complejo alargaba el estreno de una obra que necesitaba, desde su concepción, una representación urgente y lo más rápida posible.

desarrollo de Wallenstein durante su juventud en Bohemia, «selva inculta de prodigios y horrores» (62), en una conjunción que recuerda tanto el concepto clásico de *locus amoenus* de los poetas Homero, Virgilio u Horacio como el de un lugar violento que afecta a la personalidad de los individuos que habitan en él y que usaba Ovidio en lo que se ha venido en llamar *locus terribilis*. El Duque dedica igualmente un recuerdo a su padre, Wilhelm von Wallenstein, también militar y de quien dice haber heredado el valor y la nobleza.

Sin embargo, Wallenstein defiende el hecho de haberse labrado una carrera por sus esfuerzos y de haber atraído la admiración del emperador y que lo llevaron a conseguir su primer título noble, Príncipe de Bolestán (63), tras haber defendido los territorios imperiales de Alsacia y el Palatinado y parado los avances de Dinamarca a finales de la década de 1620 y cuyos acontecimientos están descritos en la sección anterior a este ensayo introductorio. El hecho de haberse ganado por méritos propios adquiridos en las diferentes batallas en las que defendió los intereses del Imperio Romano Germánico le otorgan el carácter prepotente que emite a lo largo de toda la obra y que, conforme a sus palabras en el parlamento, ya se habían originado con «los ardimientos de joven» (63). Por ello, la única explicación que le encuentra a su cese como generalísimo es a la envidia como consecuencia de sus triunfos sentida por parte de hombres cercanos al emperador,

> Mas la envidia, que al abrigo
> del ocio infame se acoge

a fraguar viles defectos
y en las más puras acciones
su diente armó venenoso
contra mi fama, creyoles
Fernando, y en mengua mía
lisonjeó a los traidores. (64)

El Wallenstein que se representa en la obra es, en gran medida, el producto de aquellas acciones que él, dentro de su alta concepción de sí mismo, consideró una traición después de sus servicios prestados al imperio. Dicha traición está siempre presente en el discurso que construyen los autores en este parlamento para dar a entender al público que el Duque se movía por motivos de venganza y rencor y que serán éstos los que lo llevarán a idear el plan que va a presentar a sus oficiales. El áspid es el símbolo que Wallenstein utiliza para representar la amargura, «que mora en mi pecho / que las entrañas me rompe» (65). El veneno que deja la serpiente penetra en el corazón y se esconde a la espera de poder ser extirpado y la única forma de llevar a cabo esto, de satisfacer su venganza, es mediante la consecución de su plan de ataque a Fernando II. Los «traidores» de quien hace mención Wallenstein eran fundamentalmente los príncipes alemanes cercanos a Maximiliano I Duque de Baviera, quien hasta este momento tenía el ejército más poderoso del Imperio y que veía cómo Wallenstein iba consiguiendo triunfo tras triunfo y recibiendo más y más privilegios por parte del Emperador. La gota que colmó el vaso de Maximiliano I, fue que el Emperador otorgase el ducado de Mecklenburg en 1628 sin contar con el visto bueno de él y de los demás príncipes.

El aumento de poder de Wallenstein era temido, y envidiado, por los príncipes electores que no veían con buenos ojos su crecimiento y decidieron cesarlo de su cargo el 13 de agosto de 1630 en la Dieta Imperial de Ratisbona. Como señala Mann, «the target at Regensburg was not the real Wallenstein, the man above party who in the no-man's-land of his untrammeled intelligence had tried to pursue a policy beyond his strength, but an abstraction, the personality imagined in the plots and counterplots of the powers» (524). Fernando II, que había convocado la dieta con la intención de proponer a su hijo como Rey de Romanos y sucesor en el trono imperial, sucumbió ante las pretensiones de los príncipes de sustituir a Wallenstein en el cargo de generalísimo pensando que eso le ayudaría a conseguir su objetivo. Calderón y Coello, como es de esperar, introducen este deseo de satisfacción del Duque antes de hacer mención al hecho histórico de cuando Wallenstein fue llamado de nuevo por el emperador para liderar su ejército ante el avance de los suecos.

El parlamento presenta a un rey sueco que se va acercando peligrosamente a los límites del Imperio Germánico para poder así personificarse como el salvador del mayor peligro que jamás amenazó los territorios imperiales desde el exterior:

> [A]quel isleño prodigio,
> ruinas amenaza a el Orbe,
> Gustavo Rey de Suecia,
> sobre el mar Báltico, y sobre
> el mismo viento las quillas
> pesados yugos les pone:

y hasta el confín del Imperio
en armados galeones,
brumó su crespo zafír,
su espuma abolló salobre
para atajarle los pasos,
que ya sus campañas corren
en descompasadas huellas,
que talan, queman y rompen. (66)

El Emperador tuvo que llamar a Wallenstein para que asumiera de nuevo el cargo de generalísimo ante el devastador avance del monarca sueco, un hecho que los príncipes alemanes no consideraron un peligro debido a la gran separación entre la costa continental europea y los territorios gobernados por éstos. Una importante culpa de este avance la tuvieron las desastrosas campañas lideradas por el nuevo general en jefe Tilly y el poco poder de influencia que ejercía éste sobre sus soldados (Wilson 492). El Conde de Tilly, Johann Tzerclaes, era el general jefe del Duque de Baviera por lo que las influencias de éste dentro del imperio así como sus continuadas críticas a las estrategias llevadas a cabo por Wallenstein le hicieron ganar mayor poder con el nombramiento de éste. Wallenstein no menciona a Tilly en su parlamento ni para bien ni para mal. Como señala James, Tilly no tuvo ninguna influencia en la mala reputación de Wallenstein y se han conservado cartas que se escribieron amistosamente después del cese del checo (309). La situación del territorio imperial había empeorado tanto que, como precisa Geoff Mortimer, ya en mayo de 1631, Fernando II escribió personalmente a Wallenstein para pedirle que viniera a Viena para tratar las posibilidades defensivas contra los suecos. A pesar de todo, Wallenstein hacía oídos sordos a las peticiones del emperador. Así se llegó a la gran derrota del general Tilly en la Batalla de Breitenfeld, muy cerca de la ciudad de Leipzig, el 7 de septiembre de ese mismo año. Los suecos siguieron avanzando y el 15 de noviembre tomaron la ciudad de Praga. La cercanía a los territorios de Wallenstein donde éste se había retirado tras su destitución fue la llama que hizo que el general volviera a hablar con enviados imperiales. Antes de finales de 1631 se había acordado que regresara a ocupar el cargo de generalísimo de los ejércitos imperiales (Mortimer 132). El personaje del Duque en *El prodigio de Alemania* resume a su manera, que es la de los autores y, por ende, de Olivares, cómo se produjo su vuelta,

> Me envió a llamar el César
> fuese, porque reconoce
> que estaba libre mi pecho
> de las supuestas naciones,
> o fuese porque me habían
> menester sus escuadrones,
> que los fueros del enojo,
> la necesidad los rompe. (66)

El periodo transcurrido entre agosto de 1630 y diciembre de 1631 se ha convertido en territorio fértil para que los historiadores elucubren sobre los movimientos de Wallenstein. Algunos incluso llegan a proponer que se reuniese con importantes enviados del rey de Suecia cuando éste estaba en plena campaña contra los territorios al norte del imperio aportando escasa, por no decir nula, prueba documental. Tal es el caso de Beladiez, quien escribe sobre la posibilidad de que Wallenstein entrase en contacto con Gustavo Adolfo para, lleno de rencor hacia Fernando II, «atacar con las tropas que le diese Gustavo Adolfo en dirección de Bohemia y Moravia, y más tarde, de Stiria, Carintia y Carniola pasando por Viena» «porque el Emperador no me espera allí y lo temen todo porque no saben qué hacer... Quiero –nunca se había expresado con tanta elocuencia y claridad- raer de la superficie de la tierra la Casa de Austria y el Rey de España y, respecto al bávaro (Maximiliano), tengo tal apetito...» (269). El historiador no cita la fuente de donde extrae estas palabras pronunciadas por Wallenstein ni menciona las fuentes que ha consultado, algo que podría servir para darle mayor o menor credibilidad, para llegar a estas conclusiones. La explicación que da al hecho de que esto no se produjera fue a que el monarca sueco quería llevar a cabo estas aniquilaciones por cuenta propia puesto que no se fiaba del checo. De nuevo tampoco cita ninguna fuente documental para apoyar tal afirmación. ¿Era posiblemente parte de las leyendas que rodeaban al personaje de Wallenstein? Sorprendentemente, concluye Beladiez al respecto que «en todo caso, son hipótesis y lo único sospechoso es que, pese a sus ademanes anti-imperiales, nos consta que Wallenstein estaba ya en contacto con Viena, que se acercaba a él empujada por España» (270). Es bastante improbable, como supone el mismo Beladiez al final de su propuesta de conspiración pro-protestante (pequeño lunar en un estudio de gran erudición), que Wallenstein pasase de desear la aniquilación del imperio a salvarlo en cuestión de semanas. Como tantas otras cosas que se mueven alrededor de la enigmática figura de Wallenstein quedará siempre como una posibilidad que, sin embargo, no fue óbice para que Fernando II desistiera en perseguir la vuelta del checo a la dirección de sus tropas.

Wallenstein se encargaría a partir de su vuelta de conformar un ejército que pudiera plantarle cara a Gustavo Adolfo con las garantías suficientes que obligaran al sueco a retroceder en su marcha hacia Viena. Estas son las «nuevas honras» (66) a las que Wallenstein se ve dirigido. Mientras tanto, Tilly se volvió a encontrar con Gustavo Adolfo en la Batalla del Río Lech, un afluente del Danubio cuyo cruce era obligatorio para llegar a Baviera, el 15 de abril de 1632, que se saldó con la muerte de Tilly y la ocupación sueca de Augsburgo el 30 de abril. El parlamento, sin embargo, se esfuerza por hacer ver a un Wallenstein cuya motivación para regresar a dirigir el ejército imperial se fundamenta en sentimientos rencorosos y de satisfacción individual más que por respeto a las órdenes del emperador como sí que se daba a entender en el parlamento del Capitán de Bros y las palabras que intercambia con el Emperador al final del primer acto:

> Segunda vez contra Adolfo
> hace que las armas tome,
> no sé si lo hizo el deseo
> de vencerle, más que el orden
> del César, porque esta hazaña
> de más vanidad blasone,
> que cuantas contra los siglos
> griegas sumas atenciones,
> romanos compendios guarden,
> y egipcios anales honren. (67)

A partir del momento en que recuerda su vuelta a los mandos de los ejércitos de Fernando II, el parlamento de Wallenstein pasa exclusivamente a convertirse en una afirmación del yo, es decir, una loa a sí mismo usada para magnificar a su persona con el propósito de convencer a sus oficiales para que lo acompañen hasta las últimas consecuencias y que lo llevará, a partir de ahora, a su precipitado final. Con esta presentación ensalzadora de su pasado, mediante la cual se coloca en un lugar de superioridad frente al resto, el Duque pasa a exponer el plan con el que pretende convencer a sus oficiales para que le apoyen. El personaje de Wallenstein propone un recorrido por los diferentes lugares en que se le venera: desde los príncipes de Alemania hasta los de Italia y Suiza pasando, como no, por Felipe IV quien le concedió el Toisón de Oro en 1628. Todos ellos, presentados de forma escalonada, constituyen la carta de presentación de Wallenstein no solo ante sus oficiales sino, por supuesto, también ante los espectadores que son testigos del cambio que el rencor y la alta concepción personal provocan en Wallenstein. La pregunta que se hace ante todos, «¿Yo he de ser vasallo, yo, / siendo quien soy? En la noche / del oscuro vasallaje / se han de ocultar mis acciones» (68), es la que finalmente introduce el motivo fundamental de la reunión con los oficiales: su deseo de atentar contra la autoridad de los dos personajes con los que se ha encontrado al final del primer acto y , Fernando II y su hijo Fernando III, para hacerse con la Corona de Bohemia.

> Bohemia que es patria mía,
> regio dosel me dispone,

augusta silla me ofrece
en Praga su ilustre Corte:
a Rey me inclina mi estrella,
¿quién cómo yo la conoce?
¿quién alta fortuna aspira?
La misma fortuna postre. (68)

En la obra aparecen numerosas menciones de la influencia que tenía la astrología sobre los movimientos de Wallenstein desde su juventud. La biografía de Golo James indica que el general checo había consultado al mismísimo Johannes Kepler en 1608 para que le hiciera su horóscopo y que tenía un astrólogo italiano a sueldo, de nombre Giovan Battista Senno, que le acompañaba en sus campañas y que estaba con él cuando fue asesinado (76-85). En 1625, Wallenstein le pidió a Kepler que hiciera un nuevo horóscopo cambiando la hora en que se produjo su nacimiento para dar un pronóstico más aproximado, algo que no gustó nada al astrólogo y matemático alemán pero que terminó haciendo. En este horóscopo Kepler pronosticaba que algo muy desfavorable le ocurriría a Wallenstein en marzo de 1634, mes que comenzó menos de una semana después de la muerte del general (Steiner 22). Beladiez señala que «la vida de Wallenstein es un perpetuo preguntarse para qué había venido al mundo y hasta dónde llegaría, porque carecía de ideas claras y de objetivos firmes» (167). Mortimer dedica una sección de su libro sobre Wallenstein a esta característica de su personalidad ya que era algo que había recibido una gran publicidad a lo largo de su vida, explotada sobre todo por sus enemigos, y que era conocido por todos para cuando se produjo su muerte (241). Mortimer pone en duda esta obsesión y considera que es algo que ha adquirido una enorme influencia después de que Schiller escribiera su trilogía teatral sobre Wallenstein y en la que el checo llega a encerrarse en su habitación con su astrólogo porque tiene miedo del futuro.[11] James explica que en 1628 Wallenstein mandó que los movimientos de Gustavo Adolfo fuesen vigilados de cerca, antes de que éste mostrara intenciones de invadir Alemania e incluso llegó a pedirle a varios astrólogos que le hicieran el horóscopo del Rey de Suecia ya que tenía una presentimiento de que ambos se jugarían la vida en algún momento (298).[12]

La afición de Wallenstein por conocer el futuro era *vox populi* como demostraría el hecho de que Calderón y Coello hagan uso frecuente de ésta, de su preocupación por el futuro y de su miedo supersticioso en varias ocasiones como veíamos antes en su encuentro con Morolludo en el primer acto y en el parlamento ante sus oficiales. Cuando Morolludo dice que tiene un gallo, Roberto le responde que será mejor que no lo vea el Duque ya que «es verdugo de perros y de gallos» (18) aludiendo a la mala fortuna que se le atribuía al ruido producido por ambos animales. Los autores adaptaron esta supuesta obsesión por la astrología y el futuro para dibujar, e inventar, un personaje obsesivo que luchaba por conseguir la «augusta silla» porque así lo había decidido el destino. El brillante futuro que le espera al general checo está escrito y decidido y el Wallenstein que presenta este par-

11 Ver también sobre la presencia de Wallenstein en la literatura alemana de este periodo en *The Wallenstein Figure in German Literature and Historiography 1790-1920* de Steffan Davies (2010).

12 Wilson indica que su interés por la astrología ya se conocía sobradamente en 1627: «Pamphlets appeared claiming his decisions were guided by astrologers' predictions. This was a deliberate fabrication propagated by Maximilian as part of his campaign to get Wallenstein dismissed and was calculated to appeal to Ferdinand's piety. It spread swiftly through diplomatic reports and had gained wide credence by 1633, assisting the task of those who now sought to remove him again» (535-36).

lamento insta a los oficiales a unirse a él sin mostrar temor porque el porvenir y la eternidad son inmutables,

Ea, amigos valerosos,
nobles de las invasiones,
sacudid las alas libres,
soltad las pihuelas torpes,
porque la fama os aclame,
porque viva vuestro nombre,
porque en láminas se escriba
porque se eternice en bronce,
porque me tema Alemania,
porque mi empresa se logre,
y porque a pesar del mundo,
de envidiosos y traidores
ostentando mi valor
en Bohemia me corone. (69)

De igual forma, la obsesión wallenstiniana contribuía a crear una imagen negativa del personaje ya que parecía apoyar una teoría de la predestinación, por la que se consideraba que el recorrido vital de cada individuo venía ya marcado de antemano, que era una característica de las religiones protestantes contra las que España luchaba en la Guerra de los Treinta Años. Su destino queda marcado, entonces, por la obcecación de cumplir los hechos configurados de antemano lo que le terminará causando la muerte.

El parlamento termina con la propuesta de Wallenstein a sus oficiales la cual se convertirá en un viaje hacia la desaparición del protagonista. Si bien el plan del general conseguirá rápidamente sus oficiales afines, como el caso del Mariscal (a quien ha ayudado a encontrar esposa) y el Conde, su cuñado, también desembocará en una serie de lealtades disimuladas que empiezan con el Capitán y el Coronel, por motivos lógicos, e irán aumentando progresivamente hasta el aislamiento definitivo del protagonista la noche del 25 de febrero de 1634. La construcción dramática de la obra, desde su principio hasta su final, se fundamenta en la falsificación de la lealtad o de promesa de lealtad. No solo Cordón y de Bros prometen fidelidad a Wallenstein después de escuchar sus intenciones sino que el mismo general, cuando aparece ante el Emperador al final del primer acto, se erige como gran defensor de los valores imperiales de Fernando II y Felipe IV. De la misma manera, Isabela se compromete ante Wallenstein a respetar su autoridad y aceptar la mano del Mariscal cuando en realidad es fiel a los ideales del imperio y está enamorada del Capitán. Este fingimiento de lealtades es el motor de la acción dramática en *El prodigio de Alemania* y la mantiene hasta el momento en que Wallenstein es asesinado. Cuando el Coronel Cordón le permite a Wallenstein ocupar su castillo en Egra para que sea «asiento de las armas de / Bohemia» (72), se está de nuevo disfrazando una lealtad, al igual que cuando el checo hace jurar a sus oficiales, «¿juráisme todos agora / de ayudarme?»(73), que tienen como objetivo la realización de una trampa de la que Wallenstein caerá preso.

El juramento histórico, conocido como el «Juramento de Pilsen», se produjo durante una reunión, organizado por el Mariscal von Ilow, de todos los oficiales en Pilsen entre el 11 y el 13 de enero de 1634. Sin embargo, los motivos no eran exactamente los que se dramatizan en el segundo acto. Como señala Mortimer, el objetivo principal de la reunión era unir a los oficiales para oponerse a la política imperial hacia la guerra ya que consideraban que era imposible de llevar a cabo, así como escoltar al Cardenal Infante Fernando desde Milán hasta Bruselas (208). El Mariscal afirmó en la reunión que la Corte no otorgaba suficiente dinero para poner en marcha tan grande ejército y se quejó de que ésta no había agradecido lo suficiente los esfuerzos realizados hasta entonces por Wallenstein. En la reunión, Wallenstein propuso su dimisión pero los oficiales lo convencieron para que continuara. Al fin y al cabo estos oficiales habían invertido mucho dinero en esta guerra y la marcha del checo podía suponer no recuperar jamás lo invertido debido a la conocida falta de dinero en efectivo del Imperio. La diferencia es que Wallenstein buscaba la finalización de la Guerra de los Treinta Años y no un golpe de estado contra el Emperador. Como precisa Beladiez, «todo el mundo buscaba la paz... pero más que nadie quería la paz Wallenstein, porque la guerra ya no podía darle nada más» (330). Puede que se tomara demasiadas libertades que no le correspondían y que esto se comprendiera como una afrenta contra el Imperio Germánico aunque también, como indica Wedgwood, se mostró demasiado confiado al pensar que todos los oficiales cumplirían su palabra.[13] Después del parlamento de Wallenstein, Calderón y Coello representan un soliloquio del general en el que plantea la continuación de la guerra *sine die* para agotar los recursos imperiales y facilitar el acceso al trono,

> [E]sas tierras imperiales

13 «Forty-nine colonels signed an obligation to stand by him, and Wallenstein felt safe. It did not cross his mind that the soldier of fortune is an opportunist to whom a signature means little. Unscrupulous himself, he calculated unhesitatingly on the honesty of his subordinates» (344-45).

tributan, que así deshago
algunas fuerzas al César,
pues si la guerra dilato,
que es lo que ahora pretendo,
y en su dilación los gasto,
con qué me ha de hacer guerra
a mi sin fuerzas quedando,
porque mal tan oprimidos
socorrerán los vasallos. (79)

Wallenstein había perdido la lealtad de importantes oficiales como Piccolomini o Gallas. Veit Valentin indica, al respecto de estas deserciones, que muchos de estos oficiales querían enriquecerse y convertirse en condes y barones y para ello tenían que combatir y ganar batallas y la paz les servía de muy poco (159). El documento que firmaron los oficiales se entendió en Viena como un intento por parte de Wallenstein de reunir fuerzas para atacar al Emperador. En diciembre, el verdadero Wallenstein se había retirado con su ejército a Pilsen después de conseguir su última victoria en Steinau en el mes de octubre ya que durante el periodo invernal no se producían enfrentamientos bélicos por el mal tiempo. La batalla de Steinau, a diferencia de Lützen, fue una clara victoria del ejército imperial ante los suecos. Oxenstierna comenzó a plantearse la retirada de la guerra gracias a la labor de Wallenstein de la que se tenía sobrada constancia en Viena (Beladiez 344). Sin embargo, los autores de la obra no mencionan en ningún momento a Steinau y organizan la trama tomando la batalla de Lützen y la victoria conseguida por Wallenstein para desarrollar la historia de *El prodigio de Alemania* conforme a los dictados de Olivares que señalaban que la traición de Wallenstein no consistía en ir contra el Imperio para defender la paz sino para prolongar la guerra y acelerar el proceso de descomposición imperial, pasando por alto la siguiente y última batalla en la que participó el general checo. Es también posible que este detalle ocurriera porque la obra desaparecida que trataba la muerte del monarca sueco y la victoria de los españoles había ocurrido en Lützen, y los autores habrían construido la trama de la obra a partir de ésta para ganar tiempo. De cualquier modo, la gran victoria de Steinau no aparece en la obra en ningún comentario.

El final del segundo acto fortalece la imagen de un Wallenstein psicológicamente débil e inseguro, que ya se vislumbraba en el acto anterior, ante la toma de decisiones importantes donde él tenía la mayor responsabilidad: «en mil ansias me confundo, / en mil dudas me embarazo» (83). La inseguridad ante el futuro está muy bien captada por Calderón y Coello en la escena que concluye este acto. Wallenstein escucha a dos personas que defienden al Emperador y realizan un juramento de acabar con él. La angustia que esto provoca en el Duque es tan grande que se marcha para coger una espada y cuando regresa se encuentra al Conde y al Mariscal, sus dos mayores aliados, y piensa que son éstos los que pretenden su muerte. Como señala Beladiez en relación a la situación real del verdadero Friedland a comienzos de 1634, «la mente nebulosa de Wallenstein no veía ya con claridad. Por doquier creía encontrar enemigos. Y lo cierto es que los vio en todas partes menos donde realmente estaban» (342). Cualquiera diría que Beladiez estaba analizando al personaje de *El prodigio de Alemania* si no fuera porque publicó su biografía de Wallenstein más de tres décadas antes de que se descubriera el argumento de la obra. Es cierto que fueron muchas las dudas que pasaron por la cabeza de Wallenstein durante el invierno de 1633-1634 tras la victoria en Steinau. Graham Martin subraya la influencia de Gundacker von Liechtenstein, quien tras haber acumulado supuestas pruebas contra Wallenstein redactó un detallado memorando, titulado *Gutachten wegen des Friedlanders*, que le entregó personalmente a Fernando II el 11 enero de 1634 y en el cual se detallaban los agravios cometidos por Wallenstein y los actos de traición contra el Emperador. Según Martin, este documento «had a remarkable effect on the vacillating monarch: just a week after receiving it, Ferdinand appointed the decisive commission of three members of the Privy Council (Eggenberg, Trauttmansdorff, and the Bishop of Vienna), whose deliberations confirmed Gundacker von Liechtenstein's recommendations and led to Wallenstein's final disgrace and bloody end just a couple of weeks later» (341). Mortimer también analiza la influencia de von Liechtenstein y señala que el Emperador siguió al pie de la letra las recomendaciones que hacía en su memorando (215-16).

Wallenstein tenía muchos enemigos declarados cercanos al Emperador con lo que se hace imposible señalar si todos estos actos procedían de una realidad objetiva o de venganzas personales. Sin ir más lejos, el propio von Liechtenstein había sido jefe del consejo privado del Emperador hasta 1626 cuando fue sustituido por Hans

Ulrich von Eggenberg, un hombre con gran influencia y apoyo en España, a petición de Wallenstein. ¿Hasta qué punto llegaba la conspiración wallenstiniana y comenzaba la fabulación de sus enemigos más acérrimos? Me decanto más por un mayor recorrido de la fabulación ante un declive progresivo de la influencia de Wallenstein en Viena. No cabe duda de que Wallenstein actuó de manera lo suficientemente torpe como para dar motivos al Emperador y sus allegados de que tramaba algo raro aunque pudiera proceder de una idea pensada con la mejor fe. El general checo no supo guardar las apariencias y quiso resolver un conflicto de un modo demasiado personal lo que fue utilizado por sus enemigos reconocidos, como von Liechtenstein, para terminar, de una vez por todas, con su menguante figura.

Jornada Tercera: ajusticiamiento en Egra

La jornada tercera comienza después de que el Duque haya llegado a Egra. El viaje que Wallenstein realiza a Egra parte desde la ciudad checa de Pilsen, a unos 80 kilómetros, el miércoles 22 de febrero de 1634 y llega dos días después. Ese mismo día por la noche le arriba a Wallenstein la confirmación oficial de su cese (Mortimer 227). El Emperador había dado orden de informar a los cabos de Pilsen que Wallenstein había sido destituido como general para que no le obedecieran y tuvieran vía libre para incumplir el juramento firmado unas semanas antes. De igual forma, Fernando II informaba que todos los oficiales se pusieran a las órdenes de Galasso, Aldringuer, Piccolomini y Colloredo.[14] El Coronel John Gordon era quien estaba a cargo de la ciudad de Egra por lo que Wallenstein, al llegar tropas leales al emperador con la noticia de que el checo ya no era el generalísimo, le pidió que preparara el castillo para sus hombres e hiciera caso omiso a todas las órdenes que pudiesen llegar del exterior. El Emperador también daba órdenes para el envío de tropas a Pilsen para que se apropiaran de las posesiones de Wallenstein y de su cuñado el Conde Trčka. Mortimer señala que era habitual que el Emperador se apoderara de los terrenos de alguien considerado rebelde para nutrir a la maltrecha economía imperial (219). De las órdenes del emperador producidas antes de la llegada a Egra, y motivo principal de la huida, no se menciona nada en la obra. De nuevo, la trama amorosa sirve como excusa para desarrollar la trama dramática. El primer personaje en aparecer en escena en este último acto es Morolludo quien, como su esposa Laureta, está esperando la llegada del Mariscal, quien viene a encontrarse con Isabela en secreto,

> Isabela me ha mandado,
> el Mariscal que su intento
> ayude con procurar
> que esta noche pueda entrar
> sin ser visto al aposento
> de mi ama... (85)

Sin embargo, aparece antes el Capitán, y Morolludo y Laureta lo confunden con el Mariscal. De Bros, que se da cuenta de que Isabela está esperando al Mariscal, apro-

14 Como informa la carta del 21 de febrero de 1634 del Conde de Oñate dirigida al Cardenal Infante Fernando (Aldea Vaquero 509).

vecha la oscuridad de la noche para hacerse pasar por éste. Poco después, como se esperaba, aparece el Mariscal, y al verse el uno al otro ambos piensan que Isabela ha citado al otro. Cuando Isabela hace acto de presencia, por la escasa luz que acompaña a la escena, es incapaz de distinguir al Capitán y piensa que se trata del Mariscal que ha venido a la cita como le había pedido ella, y le informa por qué lo ha mandado llamar,

> Ya que tu aleve delito
> te hace enmudecer tan presto,
> sírvate pues de castigo,
> ver de una vela la llama
> opuestos mis nobles bríos
> a tu error, porque el decoro
> sea freno de tu delirio. (91)

La escena viene construida magistralmente por los autores añadiéndole un gran simbolismo en la fuerza de la luz que emana de la vela. Cuando Isabela consigue una vela para poder ver mejor se da cuenta de que quien tiene delante es el Capitán pero que el Mariscal está también escondido observando la escena. La llegada de la luz viene acompañada por la verdad, por la sincera declaración de amor y sentimientos de Isabela. Con los dos oficiales presentes, se descubre que de quien verdaderamente está enamorada Isabela es del Capitán. La luz proporciona a éste poder «salir de este abismo / de la sospecha» (92) en el que había entrado por el encubrimiento y oscurecimiento de la verdad. La ocultación de Isabela viene descrita por ella misma como la oposición entre luz y oscuridad, siendo la luz la producción de sentimientos y la oscuridad la imposibilidad de expresarlos: «me dejé llevar del hijo / de la noche, más allá / de la patria del olvido» (92). Igualmente la luz en la escena también sirve para desvelar los motivos por los que Wallenstein fue engañado por ella al decirle que aceptaba la mano del Mariscal: «fue temor que se irritase / el Duque pues siempre he visto / que su enojo es de tu queja / poderoso patrocinio» (94).

La fuerza de la mujer viene representada en el personaje de Isabela, capaz de decidir por sí sola lo que quiere hacer sin dejarse amedrentar por el Duque y sus influencias y mostrándose lo suficientemente inteligente como para planear sus acciones y realizarlas en el momento más adecuado. En este momento, el cambio en la trama amorosa entre estos tres personajes supone el primero de los casos en los que va a quedar demostrado en el escenario que la influencia del Duque no es tan grande como él pensaba. Como hemos venido señalando, la trama amorosa siempre va unida a la trama dramática a lo largo de toda la obra y, en este caso concreto, el comportamiento de Isabela va a anticipar el de los oficiales leales al emperador hacia el Duque y, como consecuencia de todo, el fracaso final de Wallenstein y el de sus oficiales aliados. La luz en esta escena aporta el advenimiento de las expresión de los verdaderos sentimientos y, en definitiva, el esclarecimiento de los elementos que componen lo más profundo del ser humano.

La ejemplificación de la creciente caída en la que ya se encuentra Wallenstein ocurre en la escena siguiente, en la que el general le pide a los cuatro oficiales que él cree más leales que firmen un nuevo juramento de adhesión a sus intentos conspiradores. El generalísimo acaba de recibir la carta oficial firmada por el emperador en la que se le informa de su cese (como dijimos antes, la carta histórica le llegó en la noche del 24 de febrero) y que él, de nuevo, achaca a los envidiosos que no han sido capaces de soportar sus éxitos militares: «acabé de rasgar aquesta nema, / y lean los que atentos me censuran, / tanta cifra estampada del cuidado, / tanta envidia del odio rubricado» (97). Calderón y Coello reflejan muy bien la situación histórica de cómo Wallenstein no supo hasta sus últimos días que Piccolomini y Gallas estaban en su contra.[15] El 18 de febrero el Emperador había anunciado también la Patente de proscripción mediante la que se hacía público que Wallenstein era un traidor y se formalizaba su dimisión. Sin embargo, el documento en ningún momento fue enviado a Pilsen donde estaba el ya ex general imperial puesto que no se pedía su arresto. Lo que sí le llega a Wallenstein es la autorización del emperador, a fecha de 24 de enero, para que Piccolomini, Gallas, Colloredo y Aldringer arresten a todos los supuestos conspiradores, muchos de los cuales habían firmado el primer juramento unos días antes, y los transporten a Viena para que sean juzgados. Fernando II también les permitía asesinarlos en caso de que fuera necesario si oponían resistencia al arresto. Con todo, el aviso daba vía libre para matar a todos los oficiales afines a Wallenstein y evitarse problemas en caso de que fueran absueltos después del juicio o condenados a una pena de corta duración.[16] En la obra, el Duque informa a los cuatro

15 En carta de Saavedra Fajardo a Martín de Axpe con fecha de 24 de febrero de 1634 le señalaba lo siguiente: «No sabemos más de que este domingo pasado [19 de febrero] estaba Frisland sin saber que Piccolomini y Galaso se movían contra el, antes impaciente de que tardan» (Aldea Vaquero 41).

16 El Emperador dio orden a Gallas para que comunicara a los oficiales que no obedecieran a Wallenstein y que absolvería a aquellos que hubieran firmado el primer juramento a la fuerza (Carta de Saavedra al Conde de Oñate, con fecha de 17 de febrero de 1634, tomada de Aldea Vaquero 35).

oficiales que le han acompañado que no se esperaba esta traición por parte de quienes él consideraba amigos:

> Picolomini pues con falsos tratos,
> el General Galaso, y juntamente,
> el fuerte Solanic de los Corbatos,
> es caudillo con fama de valiente,
> todos tres juntos al designio ingratos,
> con que les descubrí mi pecho ardiente,
> dieron aviso al César, que cautela
> debiendo el ser a mi marcial escuela. (96)

Piccolomini era un general florentino que luchó con Wallenstein en Lützen y que había informado al Emperador el 10 de enero sobre las supuestas intenciones del Generalísimo a pesar del aprecio que el checo sentía por él (Wilson 536-41). Beladiez considera que «el modo como embrolló y clavó el cuchillo en la espalda al hombre que le había elevado y que en él confiaba ciegamente, no fue digno de un soldado, sino de un hipócrita y un asesino» (356). Piccolomini fue el que puso en marcha, por orden del emperador, el plan para acabar con Wallenstein. El Solanic de los Corbatos que cita el Duque en la obra es, en realidad, Hector Ludwig Isolani, general croata de quien Wallenstein desconfiaba bastante, y que había recibido el aviso de Piccolomini de que existía una rebelión total contra el Emperador y que Wallenstein estaba haciendo todo lo posible por unirse con el enemigo protestante para acabar con él (Sullivan 766). Como indica Saavedra Fajardo, el embajador español en Baviera, en una carta a Olivares, los croatas al mando de Isolani estaban rodeando la ciudad de Pilsen para que Wallenstein no pudiera escaparse.[17] El nuevo juramento de adhesión propuesto por el Duque en la obra ocurrió históricamente el 20 de febrero cuando todavía no habían salido de Pilsen. Sin embargo, los autores sintetizaron la información histórica de modo que fuera más simple de entender y localizaron los acontecimientos de las últimas semanas de vida de Wallenstein en el castillo de Egra.

El motivo por el que Wallenstein pidió a sus oficiales que volvieran a firmar un nuevo juramento era porque consideraba que su intención de buscar la paz había sido malentendida y quería dejar constancia por escrito, mediante una cláusula específica, de que no tenía intención de ir contra el Emperador (Mortimer 223). Wedgwood señala que fueron varios los oficiales que se negaron a firmar el nuevo documento incluso con la cláusula reseñada (347). La obra, sin embargo, continua con la idea conspirativa y justifica la firma del nuevo documento en el hecho de que el Duque ya conocía de la deslealtad de hombres a quien consideraba afines como el caso de Picolomini o Galaso. Es muy posible que, suponiendo que los autores utilizaron información oficial a la que tuvieron acceso mientras preparaban la obra, consultaron información como la que aparece en la carta del Conde de Oñate dirigida al Cardenal Infante Fernando el 21 de febrero y donde se señala que,

> Se ha ido juzgando y sospechando de las acciones e intentos del Duque de Fritlant y particularmente de la plática que hizo a los generales del ejercito cuando el emperador le mando volviese a socorrer al Duque de Baviera dándole con ella motivo para escribir a Su Majestad Cesárea lo que entonces avise a V.A. En la Jun-

17 «[H]an llegado avisos que los croatos tienen cogidos los pasos de Pilzen, donde están encerrados Frislant, Harnheim y el Duque Alberto de Sajonia, con lo cual y haber llegado ya Picolomini y Galasso, que Frislant piensa van en su favor, para que no podrá escaparse» (Aldea Vaquero 39).

> ta que después hizo en Pilzen descubrió mas su dañada intención porque si bien la convocó con pretexto de querer renunciar al Generalato de las armas ya tenía dispuestos la mayor parte de los cabos y oficiales a anotar que no las dejase protegiéndole y prometiéndole de no querer admitir a otro general a lo que quiso que se obligaren por escrito y llegó esto a tanta declaración que no quiso consentir en el papel una clausula en que refrendaban que esta promesa se había de entender en servicio de su Majestad Cesárea y así la mando borrar y hubo sobre ello grandes debates por la instancia que algunos hicieron en que no se omitiere esta clausula, pero finalmente lo firmaron sin ella en un gran banquete que se hizo en casa del Coronel Lilo... (Tomada de Aldea Vaquero 508).

La escena de la firma del nuevo juramento contribuye a dar un paso adelante en la caída de Wallenstein. Mientras el Mariscal, el Conde y el Coronel estampan su firma en el lugar adecuado, el Capitán lo hace encima del nombre de Wallenstein. En ese momento, el Duque se da cuenta de «que el Capitán no es leal» y decide que hay que firmar otro documento porque «no es bien que un borrón tribute mi luz, / ni que me acompañe negra niebla, / que me empañe denso vapor, / que me enlute» (99-100). Los dramaturgos cambiaron la historia real de lo sucedido en la firma de este juramento usando la firma del Capitán como la manera de representar que estos oficiales no querían tener nada que ver con las intenciones del Duque y otorgándole un mayor cariz dramático a lo que verdaderamente sucedió. Wallenstein se colocaba en el centro de la escena y se acentuaba su escasa confianza en la empresa que quería llevar a cabo.

El sábado 25 de febrero es el día en que Wallenstein es asesinado. En la obra, sin embargo, ocurre el Martes de Carnaval, que en 1634 tuvo lugar el 28 de febrero conforme aparece en el calendario histórico de Cheney (134). El Coronel Cordón, el responsable del castillo, es el encargado de organizar una fiesta para celebrar dicha fecha: «Hoy de aquesta suerte / todos se festejan, por ser Martes / de Carnestolendas» (102). La fiesta tiene como objetivo tejer una trampa para matar a los oficiales leales a Wallenstein y a éste mismo. Es de imaginar que Calderón y Coello sabían perfectamente que el 25 de febrero no era el día en que se había celebrado Martes de Carnaval pero lo hicieron, posiblemente, para dar una mayor fuerza simbólica al día en que Wallenstein es ajusticiado. En la obra, el asesinato de Wallenstein va a tener lugar durante la noche en la que termina el Carnaval y da comienzo la Cuaresma con el Miércoles de Ceniza, es decir, se pasa de la celebración desmedida y del descontrol a un periodo de renovación y penitencia. La obra muestra así su rechazo al periodo lleno de inestabilidad en que Wallenstein ha mantenido en vilo al Imperio Romano Germánico mediante la purificación del alma del individuo que conlleva la llegada de la Cuaresma. Con la muerte del general checo, hombre que ha pecado y al que no se le ofrece la posibilidad de redimirse mediante una penitencia, se esperaba la llegada de un periodo de mayor estabilidad y prosperidad para los territorios imperiales. Cuando el Coronel le rebela al Capitán su plan para asesinar a Wallenstein éste viene acompañado, precisamente, de un comentario que define la transición entre ambos periodos temporales: «Así reposa / el acero, hasta que el parche / en defensa de la fe / o le recuerde o le llame» (102). El Capitán añade que aparte de defender la fe católica también lo hacen «en servicio de Fernando / César de Alemania» (102).

La cena para celebrar el Martes de Carnaval se convierte, también, en la excusa para llevar a cabo el plan del Coronel. De nuevo, la trama amorosa aparece representada en la obra como la que desencadena la acción dramática como ya ha venido ocurriendo desde el comienzo mismo de ésta. En el momento en que se encuentran los cuatro oficiales que han venido acompañando a Wallenstein desde el acto anterior, el Capitán pide un brindis para Fernando II y Felipe IV, siendo respondido por el Conde y el Mariscal quienes piden el primer brindis en homenaje a Wallenstein. La acción que precede al inicio de las hostilidades físicas viene marcada por un enfrentamiento directo entre de Bros y el Mariscal invocando el primero el amor de Isabela y el segundo los celos que siente hacia el Capitán. Los autores unen ambas tramas para reforzar el triunfo de los imperialistas sobre los traidores al Emperador. El Capitán no solo ha conseguido el amor de Isabela después de que ésta rechazara al Mariscal sino que también es capaz de ajusticiar a éste en defensa de los ideales de Fernando II y del monarca español. El banquete representado en la obra sigue bastante fielmente lo ocurrido en Egra aquel 25 de febrero. Los invitados favorables al Duque ese día eran Terzsky, Kinsky, Ilow y Neumann, que terminan enfrentándose a varios dragones[18] traídos por el Conde Leslie y al propio

18 «Dragones» en el sentido de la séptima acepción de la palabra «dragón» según el DRAE: «Soldado que hacía el servicio alternativamente a pie o a caballo».

Leslie, Butler y Gordon, y cuyo resultado fue idéntico al que se dramatiza en la obra: todos los adeptos al Duque son acuchillados. La señal para la ejecución vino dada en el momento en que un soldado le trajo una llave a Leslie para señalar que las puertas del castillo habían sido bloqueadas como, en la obra, Cordón le pide a Roberto, el criado del Capitán.[19] A la pregunta de «¿Quién es un buen servidor del Emperador?», Butler, Gordon y Leslie respondieron «Vivat Ferdinandus», se echaron mano a las espadas y asesinaron a todos los oficiales leales al general checo (231).

El sábado 25, el Coronel Gordon había recibido una copia de la primera orden imperial que ordenaba que no se obedeciera a Wallenstein y que se le detuviera a él y a sus oficiales leales para ser juzgados y llevados ante el Emperador, vivos o muertos. Fue en ese momento que Gallas, Gordon, Piccolomini y Butler se reunieron y tomaron la decisión de matarlos a todos para evitar que fueran liberados después y se pudieran tomar venganza personal, escena que describe Golo James con gran detalle (842-43). Dicha conversación también aparece reflejada en *El prodigio de Alemania* al informar Cordón de un aviso procedente de Picolomini y Galaso, «en que me advierten que aguarde / ocasión para cumplir / el soberano dictamen / del Emperador, que atento / del Duque al traidor alarde, / orden ha dado en común / para prenderle o matarle» (106). La decisión que toman es la de acabar con la vida del Duque para evitar que el Emperador, «que es tan piadoso» (XX), decida perdonarle la vida. En la realidad histórica, no es hasta este momento en que

19 Cordón: *Roberto, ordena que al punto*
se alce el puente, porque nadie
pueda salir del castillo,
ea señores, honradme. (XX-XX)

aparece activamente el Capitán Devereux. Calderón y Coello sintetizan la labor de varios personajes históricos en un solo personaje dramático, el del Capitán de Bros, quien, por ese motivo, alcanza una mayor profundidad dramática que la importancia histórica que tuvo. El verdadero Devereux, quien era uno de los muchos dragones que llevó Butler al castillo de Egra para ejecutar el plan contra Wallenstein, no aparece en los testimonios de testigos y cartas y documentos oficiales hasta que llegan las últimas horas de Wallenstein. Realmente no hacia falta asesinar al general si tenemos en cuenta las palabras del rey como tampoco era necesario asesinar a los criados de los oficiales. Sin sus oficiales leales, Wallenstein no era mas que un hombre anciano enfermo sin ningún apoyo por lo que su asesinato no era la única solución posible al problema. En ese caso, es muy factible que, como la crueldad con que se emplearon desde que se levantaran las espadas en la mesa del banquete nocturno, lo hicieran más por temor a que las influencias de Wallenstein pudieran ayudarle a tomarse venganza que por defensa del Imperio Germánico.[20]

En la última escena, el Duque se encuentra sólo en su habitación cuando escucha el llanto de un perro que le sugiere el presagio de algo negativo: «como estoy en tal naufragio, / que es cualquiera cosa infiero / advertencia

20 Así resumía José Pellicer de Ossau en 1641 lo sucedido cuando se decidía si matar a Wallenstein o entregarlo vivo al Emperador,

> Consultose luego que se debía hacer de Vvolstain. Unos querían solamente asegurarse con su prisión, para que la justicia de hombre tan grande la ventilase con mejor madurez el César. Otros disentían, considerando que de los traidores aún deben temerse los cadáveres. Muchos decían que solo se les había ordenado su prisión, no su muerte. Mas el Gobernador y la mayor parte concluyan en que el Emperador debía ser servido por señas. Que los príncipes no mandan la muerte de ningún Grande, menos que con equívocos, y la lealtad del vasallo consiste no solo en el obedecer pero en el interpretar la voluntad del señor soberano. Porque no podía hacer segura prisión para retener a quien era casi dueño del Imperio, y en parte igual al César. De tres horas de consulta salió decretada su muerte (74-75).

del agüero, / documento del presagio» (107). El llanto del perro se suele asociar en España a la próxima llegada de la muerte como señala William Radford en su *The Encyclopedia of Superstitions* (135). Cuando el Capitán firmó el segundo juramento encima de la firma de Wallenstein, el checo visualizó la llegada de algo negativo, la entrada de la oscuridad en la luz de su plan, el final de un deseo para el que creía haber nacido. La caracterización del Duque termina aludiendo al miedo al futuro tal y como se había venido construyendo desde su primera aparición en la obra.[21] Mann precisa que Wallenstein estaba despierto por el ruido de una estruendosa tormenta en el exterior (843). Es posible que se hubiese despertado por el llanto de las esposas de Terský y Kinský, tras ver a sus esposos muertos, o por la disposición, en los alrededores de la casa, de los dragones que acompañaban a Butler y Devereux en su misión. Es entonces cuando de Bros entra en sus aposentos y asesina a Wallenstein. Los autores de la obra conocían la información de que fue el mismo Devereux, acompañado de seis alabarderos que mataron a varios pajes antes de alcanzar la habitación del Duque, el que le asestó la cuchillada mortal, con una partesana, entre las diez y las once de la noche del sábado 25 de febrero de 1634 (Mann 843). Según James, Wallenstein no puso oposición alguna a su muerte (357). Conforme a la relación escrita por Gordon, las últimas palabras de Wallenstein antes de morir fueron para pedir cuartel, petición que fue respondida por Devereux con un «du schlimmer meineidiger alter rebellischer schelm», recordándole que estaba siendo ejecutado por rebeldía ante la

21 En *Los Macabeos* Calderón ya utilizaba la influencia de la premonición para desarrollar algunos personajes.

autoridad imperial, con la que ninguno puede jugar, y con una cuchillada mortal (Hollaender 384).

El único oficial histórico de los que planearon la muerte de Wallenstein que no aparece mencionado en *El prodigio de Alemania* es Butler, a pesar de que fue él quien ideó cómo proceder con el plan. El personaje del Capitán de Bros recibe también buena parte de las acciones realizadas por Butler cuando, en realidad, Devereux no era más que uno de los oficiales que llevó Butler para llevar a cabo su plan en el castillo regentado por Gordon. Es curioso que en los primeros informes que llegaron a las autoridades españoles no se hiciera mención alguna de Devereux y atribuían a Butler la realización física del asesinato de Wallenstein. El 2 de marzo de 1634 llegaron las primeras noticias difundidas por Saavedra Fajardo, embajador español en Baviera, al Cardenal Infante Fernando en Milán haciéndole constar que acababa de recibir un correo de Gallas:

> «Ahora llega un correo del Conde Galasso despachando a Su A. desde Pilsen, a 27 de febrero, con una carta del Coronel Butler, su fecha en Egra a 26, con estos renglones: "Habiendo entendido la traición de nuestro General, lo consulté con el Coronel Gordon y, entrando con una compañía en el Castillo desta ciudad, degollé a Frislant, Illoch, Conde de Terzicha y Conde Kinzki". Cuidado será de V.A. despachar luego a Su Majestad con este aviso, siendo hoy el que mas podía importar a la Cristiandad y a la Monarquía» (Aldea Vaquero 47-8).

Como se puede apreciar, Butler utiliza la primera persona, «maté», aunque, en realidad, ni siquiera llegó a entrar en el aposento de Wallenstein cuando se produjo el asesinato (Mortimer 231).[22] El 18 de mayo de 1634, Felipe IV escribe al Conde de Oñate para demostrarle la felicidad que le ha traído la muerte de Wallenstein «por el beneficio común de nuestra casa y de toda la religión católica» (Günter 413). Igualmente, le comunica que le hace merced de una encomienda para Piccolomini, Gallas y Aldringer, «y a los tres que trataron y ejecutaron la muerte de Fridlant, tres hábitos de las órdenes militares, y repartir entre ellos como a vos os pareciere hasta dos mil o dos mil y quinientos ducados de pensión eclesiástica; y a los cabos y soldados que estuvieron en aquella ejecución de parte del emperador, una paga muerte en mi nombre.» (Günter 414).[23] De cualquier modo, Calderón y Coello supieron perfectamente que no había sido Butler ni ningún otro sino Devereux quién atravesó el pecho de

22 En otra carta entre los mismos emisor y destinatario, con fecha de 8 de marzo, se vuelve a hacer mención a la autoría de Butler: «Escribe el Conde Galasso al Conde Aldringuen que el Colonel Butler irlandés, cortó, cenando, las cabezas a los cómplices de Frislant y que, pasando luego a su casa la halló cerrada y, rompiendo las puertas, entró en el aposento de Frislant, que estaba en la cama impedido de la gota, el cual se levantó y fue a abrir una ventana para echarse por ella. Pero hallándola cerrada, se volvió a Butler, que le acometió con una partesana y, abriendo los brazos sin hablar, esperó la herida, de la cual salió gran cantidad de humo, haciendo un ruido como un mosquete disparado» (Aldea Vaquero 53).

23 Es de reseñar la menor importancia que el monarca le otorga a Butler y a Gordon a los que ni siquiera menciona por su nombre. Mann realiza una lista detallada de la recompensa que recibieron los oficiales por el asesinato de Wallenstein: «The gifts were fundamentally pecuniary, but in property instead of cash. By the end of April, it was known who would have the main morsels. Friedland and Reichenberg, worth 500,000 gulden, would go to Gallas; Náchod, assessed at 215,000 gulden, to Piccolomini; Teplitz, previously Kinsky-owned and put at a mere 94,000 gulden, to Aldringen ... Hirschberg, valued at 225,000 gulden, went to Colonel, now Count and Lord Chamberlain, Walter Butler; Nové Mesto, at 132,000 gulden, to Colonel Count Leslie; Smidar and Skriwany, at 178,000 gulden, to John Gordon. Devereux, Maddaniel, and Geraldine received 40,000, 30,000 and 12,000 gulden respectively, in properties or parts of properties or money to be paid by those whose share had been assessed higher than the sum allowed them. Isolani, Caretto di Grana, de Suys, Morzin, Giuli Diodati—not one of them was forgotten» (867-68). La escasa atención a Devereux se refleja en la baja recompensa, en relación con los demás oficiales, que recibió como participante dentro del plan de asesinato de Wallenstein.

Wallenstein con la «aguda partesana» y optaron por convertir al actor principal de ese momento particular en el personaje principal, junto con el Duque, de *El prodigio de Alemania*.[24]

La obra finaliza con el restablecimiento de la autoridad imperial conseguida mediante la fidelidad de sus oficiales leales. Dicha autoridad se ve fortalecida con la aparición del Emperador en la escena en la que yace el cadáver del conspirador Wallenstein. Tras ver el Emperador que el Capitán ha cumplido su misión le termina otorgando la mano de Isabela. Igualmente, con la muerte del generalísimo, nombra a su hijo sucesor de Wallenstein, un hecho histórico que no tuvo lugar en ese preciso instante sino el 27 de abril. Fernando lideraría al ejército católico en la batalla de Nordlingen en septiembre de 1634, con Gallas como segundo comandante. Wedgwood considera que este movimiento del Emperador consolidaba la concreción del plan Habsburgo que conllevaba un ataque de orden dinástico sobre sus enemigos (351). La obra termina con un encadenamiento de la trama amorosa y la trama dramática-histórica, relacionando la consecución de una con la realización de la otra, convirtiendo así la mano de Isabela en un símbolo de la victoria imperial por encima del traidor Wallenstein y su grupo de

24 En 1641, en uno de los primeros repasos históricos sobre la muerte de Wallenstein, escrito en un panegírico dirigido a Fernando II cuatro años después de su muerte, Pellicer de Ossau sí considera a Devereux como el responsable de asesinar a Wallenstein, § Para ejecutarla [la muerte de Wallenstein], enviaron al Capitán Dobbrocx, caballero irlandés. El gobernador no quiso hallarse presente por no asistir al horror de la muerte del que le había engrandecido. Llegaron a su aposento, mataron un paje, y prendieron un astrólogo. Salió Vvolstain al estruendo de la puerta, que cayó derribada. El soñoliento entre los desperezos y el miedo abrió una ventana para llamar su guarda, o arrojarse por ella. Mas reconociendo la caída mortal, y la huida imposible, se abalanzó a un soldado para quitarle la alabarda pero diole entonces el Capitán Vvalten Dobborocx la muerte, exaltando con el alma todo el confuso tropel de designios traidores y de embustes mágicos que había consultado y le prometían supersticiosos imperios y reinos. Tal fue el fin de Alberto Ladislao de Vvolstain, general de Ferdinando II y casi compañero en el imperio (74).

conspiradores, los cuales han sido derrotados tanto en lo político como en lo carnal. Esto también sirve para aumentar el sentido de derrota en unos y de victoria en los otros, algo que se acentúa con la última intervención del Capitán, que cierra la obra advirtiendo que todos aquellos que intenten atentar contra la Casa de Austria terminarán siendo castigados. No es casualidad, por lo tanto, que precisamente «casa de Austria» (110) sean las palabras que ponen fin a la obra.

El eco que tuvo la muerte de Wallenstein fue de grandísimas proporciones. Sin embargo, lo que más sorprende, por centrarnos en la representación literaria, es cómo cambió la imagen de Wallenstein en tan poco tiempo en los teatros madrileños. Hay que recordar cómo Felipe IV esperaba que Wallenstein aceptase el encargo de liderar una liga contra Francia tres días después de que el general checo ya hubiera sido asesinado. El 18 de mayo de 1634 el mismo monarca reconocía que «con la muerte de Fridlant nos ha desembarazado Dios de una de las dificultades que se os ofrecían en lo de la liga, y sin duda de la mayor. La otra de que no querrán por general de la liga al cardenal infante mi hermano, parece que habiendo de pasar luego sin detenerse en Alemania no puede ser de embarazo» (Günter 414). El monarca español se alegraba de la muerte de Wallenstein aunque estuvo luchando hasta el último momento para que éste se uniese a su intento de enfrentarse a las ofensivas francesas. El Conde Duque de Olivares, igualmente, pensaba en él como la persona más adecuada para liderar a su ejército llegando, como señala Beladiez, «a enviar una reprimenda a Brunneau por haber hablado de él [Wallenstein] en términos poco respetuosos» (339).[25] Al representarse *El prodigio de Alemania* en los teatros madrileños no interesaba dar a conocer que Wallenstein no había querido unirse a la lucha contra los franceses, algo que se mantuvo en gran secreto, sino que quería convertirse en rey de Bohemia pasando por encima de Fernando II, Fernando III y Felipe IV, algo mas directo y fácil de representar en escena y que repetía las acusaciones que se producían en Viena por parte de los enemigos del checo.

La posición de Wallenstein, decidido a buscar la paz por sus propios medios, y las intenciones de Felipe IV y Olivares no concordaban, motivo por el cual la obra se carga de un fuerte tono propagandístico que justifica el asesinato de un general al que se le acusó de conspirador unas semanas después de haber sido el centro de otra obra en la que se alababa su destreza militar. Olivares, que siempre defendió a Wallenstein como el más apropiado para liderar el ejército imperial cuando éste fue cesado en 1630, lo consideraba un traidor por no apoyar la entrada de las tropas del Cardenal Infante en Flandes procedentes de Milán. La caracterización que los autores de *El prodigio de Alemania* ofrecen del personaje de Wallenstein conserva la misma oscuridad que tuvo el verdadero y los autores se aprovecharon de ello para construir la dramatización. Los últimos años de vida de Wallenstein contribuyen a desarrollar una imagen enigmática que encierran en su interior diferentes imágenes a cada cual más misteriosa. Dicha complejidad no podía más que convertir al checo en un personaje sumamente ambiguo sin demasia-

25 El mismo Beladiez precisa que Olivares ofreció a Wallenstein una suma desorbitada, cien mil taleros, que incluso el mismo general rebajó a florines para que volviera a luchar cuando Tilly fracasó frente al rey Gustavo Adolfo de Suecia en 1631 (280).

do esfuerzo por parte de los dramaturgos ya que tenían material de sobra en los documentos a los que tuvieron acceso para escribir la obra. García-Luengos indica que la obra desaparecida que elogiaba la figura de Wallenstein se prohibió en el momento en que llegaron noticias de la muerte del militar (2001, 803).

Albrecht von Wallenstein fue un tipo de héroe trágico que ocupó el puesto de generalísimo en medio de una serie de circunstancias concretas y que molestó a personas que tenían muchos intereses en el conflicto bélico. El generalísimo de los ejércitos imperiales fue un instrumento usado tanto desde Viena como desde Madrid cuando les convenía y al que cesaron cuando ya no les era útil para sus intereses; fue una figura que se tomó una serie de libertades que molestó a muchos y que, de no haberse atribuido, seguramente se las hubieran achacado igualmente por parte de sus enemigos en la Corte. Nunca sabremos qué hubiera pasado de haber llevado a cabo Wallenstein otras acciones al frente del ejército imperial, o si se hubiera limitado a seguir las órdenes del Emperador en vez de hacer lo que creía más conveniente como, por ejemplo, la finalización de la guerra actuando tanto de militar como de estadista. Lo que sí sabemos es lo que hizo, como él mismo presenta en el parlamento ante sus oficiales, y cómo una serie de conspiraciones históricas terminó con su conspiración de manera fulminante tal y como se representa en la obra de Calderón y Coello. Las continuas negativas del general checo hicieron que su muerte se tomara en Madrid como un triunfo, una liberación que permitía a Olivares tomar el camino que había ya decidido. Con *El prodigio de Alemania* la arquitectura de la construcción dramática se simplifica al mismo tiempo que se simplifican los deseos de los personajes. Como señala Maravall, el teatro español del Barroco se encarga de difundir «la imagen de la sociedad que los grupos dominantes y a su cabeza la monarquía se esforzaban por imprimir y conservar en las mentes de todo un pueblo, probablemente para evitar o rectificar ciertas desviaciones criticas» (23). Uno de los propósitos principales de la obra era que las personas que asistiesen a la representación compartiesen el sentimiento de odio hacia Wallenstein. La realidad histórica sufre un proceso de travestismo, como resultado del momento en que se representa la obra, con un propósito determinado: justificar ante el público la necesidad de la ejecución del generalísimo imperial.

En 1652, Fabricio Pons de Castelvi publica en Madrid un retrato histórico del rey Gustavo Adolfo de Suecia. Menos de 20 años después de la muerte de Wallenstein, estas son las palabras que dedica al general checo,

> «Era Vuolstain honra de Praga su patria, noble de nacimiento, hombre sagaz, magnánimo, liberal, severo, y grandísimo soldado, cuya lealtad, y heroicos servicios, ayudados de felices sucesos, le habían granjeado el cargo de General de las armas del Imperio, y el dominio de tan ricos, y dilatados estados, y aunque con faltas, que casi siempre acompañan a lo humano, le tenían algunos por altivo colérico y vano, y hayamos visto después al Palacio de Egra, manchado con su rebelde sangre por justo castigo de haber querido, infame vapor, levantado de la tierra, ofuscar el claro sol del

imperio, quando todos los rayos de su grande le alumbraban y vicisicaban aspirando infiel a la Corona de Bohemia. No por ello dejaré de decir, que antes había merecido el nombre de grandísimo Capitán de nuestros tiempos y de leal vasallo del César, pues sino hubiera lealtad no se conociera la rebeldía siendo cierto que como el más cristalino vidrio está sujeto al golpe en su mayor brillar, y la hoja al viento en su mayor verdor, también en la fidelidad humana vive sujeta a accidentes...» (70)

La imagen que representan Calderón y Coello de Wallenstein muestra, precisamente, esta doble vertiente de servidor del Emperador, para quien ganó numerosas y decisivas batallas, y de general falto de lealtad que buscó más su triunfo individual que el colectivo a partir de la batalla de Lützen. Es ahora cuando volvemos al título ambiguo de la obra que capta perfectamente la visión que se tenía en la España de 1634 sobre Wallenstein. El Duque había sido alabado en un teatro madrileño unos pocos días antes de que llegara la noticia de su muerte. El checo fue un prodigio admirado hasta por Felipe IV y el Conde Duque de Olivares que persiguieron su participación en la guerra que se planeaba comenzar contra Francia. Fue entonces cuando la ambigüedad salió del escenario e impregnó la opinión española sobre el general. Lo que finalmente se considerará un prodigio será la muerte de éste, ya que permitía la apertura de novedosos frentes, liderados por gente como el Cardenal Infante Fernando o el hijo del Emperador, y dejaba a Wallenstein como un doble prodigio, el del vencedor y el del vencido.

La presente edición

La siguiente edición que va a apreciar el lector es la primera realizada de *El prodigio de Alemania* desde la suelta original hace casi cuatro siglos. Para realizar esta edición me he basado en la única fuente impresa que existe de dicha obra. El texto original, hallado por Germán Vega García-Luengos, se aloja en la Biblioteca Nacional de Madrid. La signatura es T/55360/59 y se encuentra en una edición suelta sin información sobre la imprenta ni de año de impresión. Dicha suelta contiene en su primera página el título de la obra y únicamente el nombre de Calderón de la Barca como autor. El motivo por el que la presente edición identifica a Antonio Coello como coautor de la obra, algo que ya ha sido explicado por García Luengos (2001, 2010), responde a dos motivos. El primero es que ambos autores se habían encargado de escribir la obra inmediatamente anterior y representada a comienzos de marzo de 1634 en la que se ensalzaban las cualidades de Wallenstein como hemos visto en las páginas precedentes. El segundo motivo corresponde a la inclusión de los siguientes versos para terminar la obra,

> Y aquí la mano levantan,
> Senado, *toscos buriles*,
> que entre laminas retratan
> al vivo aqueste suceso... (110)

«Toscos buriles» alude a la actuación de más de un autor, de más de una pluma, para recordar lo que ocurrió en los últimos días de febrero de 1634. El instrumento que eligen los autores para señalar la escritura material de la historia de la muerte de Wallenstein adquiere un mayor significado si tenemos en cuenta el motivo principal por el que se escribió *El prodigio de Alemania*: la reescritura de la historia con la intención de dejarla como testigo para generaciones presentes y futuras de igual modo que un grabador utiliza el buril para trabajar con el metal.

El texto ha sido transcrito conforme a los criterios ortográficos y de puntuación modernos. Sin embargo, he mantenido los arcaísmos con su correspondiente nota a pie de página. Los apartes van entre paréntesis conforme a como vienen señalados en el texto original y algunos más que se han añadido por omisión de éste. Se mantienen las acotaciones originales, presentándolas en itálicas, con leves cambios para adaptarlos a la gramática moderna. Los ejemplos que mantienen la sintaxis antigua van acompañados de una nota a pie de página con una posible alternativa sintáctica de carácter moderno.

La aparición de *El prodigio de Alemania* constituye la colocación de una piedra en el enorme acueducto que compone la obra de Calderón de la Barca. La obra sirve, igualmente, para conocer mejor el periodo de la Guerra de los Treinta Años, escasamente estudiado dentro del contexto literario.

Esta edición nunca hubiera sido posible sin la inestimable colaboración del profesor Henry W. Sullivan. Fue él quien me presentó al general Wallenstein en un curso sobre la presencia de Bohemia en el teatro español del Siglo de Oro allá por la primavera de 2008. Aprovecho estas líneas para agradecerle sus informaciones (especialmente las procedentes de fuentes checas), sugerencias y repetidas lecturas de mis escritos acerca de *El prodigio de Alemania* y de la inmensa figura del general bohemio. También agradezco a la profesora Flor María Rodríguez Arenas por sus útiles consejos y sus múltiples lecturas del manuscrito original de esta edición y al profesor Edward H. Friedman por sus sugerencias para desarrollar un artículo que publiqué sobre esta obra en *Bulletin of the Comediantes*. No puede faltar mi reconocimiento al personal de la Biblioteca Nacional de Madrid por su amabilidad y diligencia para proporcionarme con gran agilidad tanto la edición original de la obra de Calderón y Coello como numerosas fuentes manuscritas en las que altos cargos del gobierno de Olivares se intercambiaban opiniones sobre qué hacer con Wallenstein.

Abreviaturas

Cov.	*Tesoro de la lengua castellana o española*
Aut.	*Diccionario de Autoridades*
DRAE	*Diccionario de la Lengua Española*
DPD	*Diccionario Panhispánico de Dudas*

Bibliografía

Aldea Vaquero, Quintín. *España y Europa en el Siglo XVII: Correspondencia de Saavedra Fajardo*. Tomo II. Madrid: CSIC, 1986.

Asch, Ronald G. *The Thirty Years War: The Holy Roman Empire and Europe, 1618-48*. Nueva York: St. Martin's, 1997.

Calderón de la Barca, Pedro. *Las Comedias de Pedro Calderón de la Barca*. Tomo I. Ed. de Juan Jorge Keil. Leipzig: Ernesto Fleischer, 1927.

Casa, Frank P. «Velázquez, Calderón y el sitio de Breda». Alicante: Biblioteca Virtual Miguel de Cervantes, 2012.

C rný, Václav. «Une question à reprendre: Wallenstein, héros d'un drame de Calderón». *Revue de Littérature Comparée* 36 (1962): 177-90.

Cheney, Christopher R. *Handbook of Dates: For Students of English History*. Cambridge: Cambridge UP, 2000.

Cotarelo y Mori, Enrique. *Ensayo sobre la vida y obras de D. Pedro Calderón de la Barca* Madrid: Revista de Archivos, Bibliotecas y Museos, 1924.

Covarrubias y Orozco, Sebastián. *Tesoro de la lengua castellana o española*. Madrid: Luis Sánchez, 1611.

Crane, Stephen. *Great Battles of the World*. Philadelphia: J. B. Lippincott, 1901. Elliott, John H. *The Count-Duke of Olivares: The Statesman in an Age of Decline*. New Haven: Yale UP, 1986.

Cruickshank, Don W. *Don Pedro Calderón*. Cambridge: Cambridge UP, 2009.

Díez Borque, José María. «Literatura española de la Guerra de los Treinta Años (1618-1648)». *Homenaje a Elena Cátena*. Madrid: Castalia, 2001.

Fletcher, Charles R. L. *Gustavus Adolphus and the Struggle of Protestantism for Existence*. Londres: Putnam's, 1923.

Fuller, John F. C. *Military History of the Modern World*. Vol. 2. Nueva York: Funk & Wagnalls, 1954.

García-Luengos, Germán Vega. «Calderón y la política internacional: las comedias sobre el héroe y traidor Wallenstein». *Calderón y la España del Barroco.* Ed. José Alcalá Zamora y Ernest Belenguer. Madrid: Centro de Estudios Políticos y Constitucionales y Sociedad Estatal España Nuevo Milenio, 2001. 793-827.

__________. «Presencias de Europa en el teatro español del siglo XVII». *Europa (historia y mito) en la comedia española: XXXIII Jornadas de teatro clásico*. Ed. Felipe B. Pedraza Jiménez, Rafael González Cañal y Elena E. Marcello. Cuenca: U de Castilla La Mancha, 2012.

Guthrie, William P. *Battles of the Thirty Years War: from White Mountain to Nördlingen, 1618- 1635*. Westport: Greenwood, 2002.

Harris, Enriqueta, y John H. Elliott. «Velázquez and the Queen of Hungary». *The Burlington Magazine* 118 (1976): 24-27.

Hollaender, Albert E. J. *Some English Documents on the End of Wallenstein*. Manchester: John Rylands Library, 1958.

James, George P. R. *Dark Scenes of History*. Nueva York: Harper, 1950.

Kochinke, Julia. «The Thirty Years' War in the Spanish Drama of the Siglo de Oro». *1648: War and Peace in Europe*. Ed. Klaus Bussmann y Heinz Schilling. Münster: Council of Europe, 1998. 175.

Ingrao, Charles W. *The Habsburg Monarchy, 1618-1815*. Cambridge: Cambridge UP, 2000.

Liddell Hart, Henry Basil. *Great Captains Unveiled*. Londres: Greenhill, 1990.

Lobato López, María Luisa. «Graciosos de comedia y graciosos de entremés: forma y función del personaje cómico». *La dramaturgia de Calderón: técnicas y estructuras: homenaje a Jesús Sepúlveda*. Ed. Encira Cancelliere e Ignacio Arellano Ayuso. Madrid: Iberoamericana, 2006. 267-288.

Mann, Golo. *Wallenstein: His Life Narrated*. Trad. Charles Kessler. Nueva York: Holt, Rinehart & Winston, 1976.

Martin, Graham. «Historical Fact versus Literary Fiction: Members of the House of Liechtenstein Occurring in Schiller's *Wallenstein* and Grillparzer's *König Ottokar*». *The Modern Language Review* 86.2 (1991): 337-348.

Mesonero Romanos, Ramón [Ed.] *Dramáticos contemporáneos a Lope de Vega*. Madrid: Rivadeneyra, 1881.

Polišenský, J.V. *War and Society in Europe: 1618-1648*. Cambridge: CUP, 1978.

Pellicer de Ossau y Tovar, José. *La fama austriaca, o Historia panegirica de la exemplar vida, y hechos gloriosos de Ferdinando segundo*... Barcelona: Sebastián y Jaime Matevad, 1641.

Porqueras Mayo, Alberto, y Juan Carlos de Torres, eds. *Estudios sobre Calderón y el teatro de la Edad de Oro: Homenaje a Kurt y Roswitha Reichenberger*. Barcelona: PPU, 1989.

Pedraza Jiménez, Felipe, Rafael González Cañal y Elena Marcello. *Calderón: Sistema dramático y técnicas escénicas: actas de las XXIII Jornadas de Teatro Clásico: Almagro, 11, 12 y 13 de julio de 2000*. Almagro: Universidad de Castilla la Mancha, 2001.

Radford, Edwin. *The Encyclopedia of Superstitions*. Nueva York: Barnes and Noble, 1996.

Real Academia Española. *Diccionario de Autoridades*. Madrid: Imprenta de la Real Academia Española, 1726-1739.

___________. *Diccionario de la Lengua Española* [22.ª edición]. Madrid: Espasa-Calpe, 2001.

___________.*Diccionario Panhispánico de Dudas*. Madrid: Asociación de Academias de Lengua Española, 2005.

Roberts, Michael. *Gustavus Adolphus*. Nueva York: Longman, 1992.

Rueda, Antonio M. «Albretch von Wallenstein según Calderón y Coello: verdad y poesía en *El prodigio de Alemania*» *(1634)*. *Bulletin of the Comediantes* 2012: Vol. 64, No. 1. 89-110.

Steiner, Rudolf. *Astronomy and Astrology: Finding a Relationship to the Cosmos*. East Sussex: Rudolf Steiner Press, 2009.

Sullivan, Henry W. «Bohemia and the Thirty Year's War on the Spanish Baroque Stage». *Bulletin of Spanish Studies* 87.6 (2010): 723-778.

Thompson, Peter E. *Triumphant Juan Rana: A Gay Actor of the Spanish Golden Age*. Toronto: U. of Toronto P, 2006.

Valentin, Veit. «Wallenstein, after Three Centuries». *The Slavonic and East European Review* 14.40 (1935): 154-162.

Watson, Francis. *Wallenstein, Soldier under Saturn*. Nueva York: D. Appleton-Century, 1938.

Wedgwood, Cicely V. *The Thirty Years War*. Nueva York: New York Review of Books, 2005.

Whitaker, Shirley B. «The First Performance of Calderón's *El sitio de Breda*». *Renaissance Quarterly* 31.4 (1978): 515-31. Wilson, Peter H. *The Thirty Years War: Europe's Tragedy*. Cambridge: Harvard UP, 2009.

El Prodigio de Alemania

Comedia Famosa
De Don Pedro Calderón

Hablan en ella las personas siguientes:

El Duque Frislán
El Capitán de Bros
El Coronel Cordón
El Emperador
El Rey de Hungría
La Reina de Hungría
El Mariscal
Roberto
Isabela
El Conde Tersa
Laureta
Morolludo

Jornada Primera*

Salen el Capitán de Bros y Roberto, criado, de camino[1]; el Capitán a lo irlandés, con botas y espuelas ambos.

Capitán: Esos caballos, Roberto,
en esta maleza bronca
sía a dos troncos, serán,
hasta que llegue el Aurora[2]:
vegetativas estalas[3]
donde descansen y coman.
Roberto: Es la oscuridad tan grande,
y son tan cultas las sombras,
que es menester fomentarlas,
como los versos de ahora,
más ya quedan bocabajo,
adonde frescas alfombras
en pesebres de esmeraldas
grata les ofrece Flora.
Capitán: Cantando estoy.

* El comienzo de la jornada, y de la obra, sucede después de la batalla de Lützen (1632), inmersa en la Guerra de los Treinta Años y en la que los suecos derrotaron a los españoles a pesar de la muerte del rey de Suecia Gustavo Alberto, mientras los personajes van de camino a la corte del Emperador para informarle de lo sucedido)

1 *De camino*: que visten botas y espuelas y llevan un traje de color.

2 *Aurora*: sustantivo femenino (*Cov.* I.73r) aunque se encuentra acompañado de artículo masculino dentro de un contexto literario con bastante asiduidad como ocurre con otros sustantivos que irán apareciendo en esta obra.

3 *Vegetativas estalas*: «déjalas tranquilas».

ROBERTO: Yo molido,
¿que haya quien la posta corra
en el mundo?[4]
CAPITÁN: Al de Frislán
obedezco, porque importa
avisar con brevedad
a la Cesárea persona
del Emperador, la muerte
del de Suecia, pues rotas
quedan sus escuadras ya,
que la altiva Babilonia
de sus locos pensamientos
la Imperial Águila postra.
ROBERTO: Gloriosa victoria ha sido.[5]
CAPITÁN: No se lee más gloriosa,
ni en corónicas[6] de España,
si en los anales de ahora
a mi lealtad convenía
el no detenerme un hora[7],
mas cansados los caballos,
la diligencia me estorban.
ROBERTO: ¿Quién hay que a las inclemencias
del cielo, señor, se oponga?
CAPITÁN: Dices bien, que el cielo en ondas
de opaco horror oscurece
las celestiales antorchas,
y desquiciando los montes,

4 Postas: «Los caballos que están en los caminos para correr en ellos y caminar con presteza» (*Cov.* II.146v). Se refiere a los portadores de cartas que hacían los recorridos para entregar el correo a caballo.

5 Aunque la victoria correspondió en realidad al ejército sueco, la muerte de Gustavo Alberto hizo que se considerara una victoria del imperio.

6 *Corónicas*: Arcaísmo de «crónicas».

7 «Hora» es masculino aquí aunque en el siglo XVII se considerase ya un sustantivo femenino (*Cov.* II.59r). La colocación de un artículo masculino delante de un sustantivo femenino es un fenómeno frecuente en el teatro del Siglo de Oro como ya se veía anteriormente con «aurora».

bajeles son que zozobran
en diluvios de agua y viento,
sin que se espere paloma,
que en tanta tormenta sea
de la paz anunciadora,
ya lo inmortal de inmortal
los privilegios no goza,
porque los cuatro elementos
en sí mismos se equivocan,
toda es miedos la campaña,
y la baja región toda,
asombró el Euro y el Noto,[8]
que en las terrestres mazmorras
presos por incorregibles
estaban, ya libres gozan
de las floridas riberas,
y con furia licenciosa
arrancan, talan, destruyen
todo el imperio de Flora.[9]
Allí crujen las encinas,
que castigadas del Boreas[10],
son cadáveres del campo,
si antes fueron lisonjas.

Roberto: No lejos, si no me engaño,
una quinta deleitosa
ha de estar, que de Isabela

8 El Euro representa el Viento del Este y se asocia a la llegada del calor y la lluvia. El Noto, por su parte, simboliza el Viento del Sur llamado así por Noto, el Dios del Viento del Sur, y se le relaciona con el viento caliente con el que se pensaba que venían las tormentas del final del verano y principio del otoño por lo que era temido como destructor de las cosechas.

9 «El imperio de Flora» es el de la diosa Flora, la diosa de la primavera y de las flores. Al ser el Euro y el Noto vientos destructivos suponen una amenaza para las plantas, las cuales «arrancan, talan, destruyen».

10 El Boreas es el Dios del viento del Norte que porta el invierno. Es muy fuerte y violento y se suele representar como un anciano alado con barbas y cabellos largos, portando una caracola y vistiendo una túnica de nubes.

es a quien amante adoras,
según me contaste un día.

Capitán: No refresques la memoria
de su beldad, que aunque tanto
la estimo a mi fama importa
no detenerme, que el Duque[11]
con las alemanas tropas
viene esta noche a alojarse
a Eusi,[12] plaza famosa
de este país, con el resto
de su gente vencedora,
y no conviene a mi fama
detenerme, amor perdona.

Roberto: No lo dije yo por tanto,
porque hallar la quinta ahora,
es lo mismo que pedir
a aquestos robles toronjas.

Capitán: ¿Sírvanos pues de defensa
el pabellón de sus copas?

Salen Morolludo y Laureta de villanos bajando del monte

Morolludo: Al valle Laureta, al valle,
que según el agua moja,
me han de llamar abadejo,
si rana he sido hasta ahora.[13]

Laureta: Que fuertes truenos parece,
que en la región espaciosa,

---

11 El Duque es Albrecht von Wallenstein, generalísimo del ejército imperial bajo cuyo mando lucharon en la batalla de Lützen.

12 Pilsen.

13 El *abadejo* es el nombre que se le da a los peces que pertenecen a la misma familia que el bacalao. La mención a la rana deja bastante clara la posibilidad de que fuera el famoso actor cómico Cosme Pérez, conocido por el nombre de Juan Rana (1593-1672), para quien se escribió originariamente este papel.

juegan cañas los planetas[14]
o quien se metiera ahora
en un barril de aceitunas,
mas si Laureta me nombran,
del laurel de los barriles
no me han faltado las hojas.
Morolludo, Morolludo,
¿cómo me dejas tan sola?

Morolludo: Ya yo dejaros quisiera
mujer, pero no me abundan
los deseos.

Laureta: Culpa tiene
el cura de la parroquia,
pues tal yugo nos ha echado.[15]

Morolludo: Coyunda fue rigurosa.[16]

Capitán: Si no me engaño, una voz
he escuchado entre esas rocas.

Roberto: Yo también.

Capitán: Pues atendamos.

Morolludo: Anda aprisa.

Laureta: ¿Soy yo posta?[17]

Morolludo: Venid, que en vuestras ausencias
pienso renovar la historia
de los Carriones Condes.[18]

---

14 *Juegan cañas*: «juegan a cañas». El juego de cañas tenía gran popularidad en la España del siglo XVII. Consistía en colocar hileras de hombres montados a caballo que se lanzaban cañas, como si fuesen dardos, y se defendían con escudos.

15 Laureta y Morolludo están casados. De forma cómica, Morolludo se refiere al matrimonio como «tal yugo».

16 *Coyunda*: «la unión o ligazón de dos personas» (DRAE).

17 Las postas eran los caballos, de gran velocidad, que se utilizaban para cuestiones importantes como, por ejemplo, la entrega de correspondencia urgente.

18 Morolludo parece referirse a los Condes de Carrión, los dos hermanos que se casaron con las hijas del Cid y que las deshonraron para vengarse de las acusaciones de cobardía vertidas por el Cid hacia ellos. Por tal motivo, Laureta lo llama «traidor» en el verso siguiente.

Laureta: Sos traidor y siempre enojan
los traidores las ausencias
de las reales personas.
Morolludo: Esto me diréis mujer,
luego que empiece la obra.
Capitán: No me he engañado, Roberto.
Sin duda de alguna choza:
son ganaderos.
Roberto: Llamarlos
será bien, por si te informan
del camino.
Morolludo: Aquestos días
andáis mujer muy regiosa
y es menester amansaros.
Laureta: ¿Yo religiosa? ¿Yo monja?
Roberto: ¡Ah, buen hombre!
Morolludo: ¿Qué es aquello?
Laureta: ¿Llamaron?
Morolludo: Sí.
Laureta: ¿A estas horas?
¡San Cosme!
Morolludo: ¡San Agapito!
Laureta: Santa Clara confesora,
so libéranos a malo.[19]
Morolludo: Trasudo con la congoja,
¡ay, pobres de mis calzones!
Borrasteis la ejecutoria
de vuesa antigua limpieza[20]
¿quién eres vos, que me estorbas
el hacer una obra pía?

---

19 *So libéranos a malo*: «Solo libéranos de lo malo».

20 La *ejecutoria de limpieza* era un documento que atestiguaba la ascendencia cristiana de un individuo. Morolludo bromea con el hecho de que Laureta le ponga dificultades para llevar a cabo «una obra pía» al hecho de que ella ha dejado de ser cristiana.

Laureta: ¿Pía llamas a esta obra?
Morolludo: Y tan pía, que no ha sido
en las fábulas de Troya
más pío el valiente Eneas.[21]
Roberto: ¿No hay quién a mi voz responda?
¡Ah, buen hombre!
Morolludo: ¿A mí buen hombre?[22]
Esta es afrenta y no poca
de matrimonio en el duelo,
vos errada pecadora,
de todo tenéis la culpa,
y el daros la pena importa.
Laureta: Mal huego en vuesas malicias.
Roberto: ¿No respondéis?
Morolludo: Es tan hosca[23]
la noche, que no se espante
y tengo un poquito sordas
las muelas.[24]
Capitán: ¿Está el camino
real lejos?
Morolludo: Que eso ignore
si está la noche real,
y tan lejos que en mi bolsa
no hay blanca.[25]
Laureta: No os dice aquesto.
Morolludo: Callad mujer, que no os toca
responder, que soy el macho,

---

21 Las *fábulas de Troya* son aquéllas protagonizadas por Eneas, héroe de la Guerra de Troya, entre las que se encuentran *La Ilíada* de Homero y *La Eneida* de Virgilio.

22 *¿A mí buen hombre?*: «¿A mí llaman buen hombre?»

23 Negra, oscura. «Dicho del tiempo, de un lugar o de un ambiente: Poco acogedor, desagradable, amenazador» (DRAE).

24 *Tengo un poquito sordas las muelas*: Morolludo no quiere responder y hace juegos de palabras sin sentido.

25 *No hay blanca*: «no hay dinero». Morolludo le señala a Roberto que si quiere que le ayude tendrá que darle dinero.

no pretendais ser machorra.
Roberto: Por el camino os preguntan.
Morolludo: Si me untan so carroza,
o tengo bubas.
Capitán: Si es sordo
dale más voces.
Roberto: Qué bronca
naturaleza, decidnos
si de aquí hay distancia poca
al camino de Viena.
Morolludo: Yo ballena[26], no la coman
los católicos cristianos,
no es la culebra muy boba.
Roberto: Villano, viven los cielos,
que si hubo allá que os rompa
la cabeza.
Morolludo: Aquesto es malo.
Laureta: No seré yo tan dichosa.
Capitán: Nada con amenazarle
nuestro suceso mitigas
a buen labrador.
Morolludo: ¿Qué manda?
Capitán: Acercaos, que una joya
os daré, porque el camino
nos enseñéis.
Laureta: Oíd qué gloria,
yo le enseñaré mayor.
Morolludo: Siempre histis[27] codiciosa
ya estamos aquí, pescude[28]
porque a todo le responda,

---

26 Como no ha recibido dinero todavía, Morolludo continua haciéndose el sordo y confundiendo «Viena» con «ballena».

27 *Histis*: Fuiste. El habla de Morolludo es la de una persona de escasa educación por lo que pronuncia muchas palabras de forma equivocada como ocurre en este ejemplo.

28 *Pescude*: Pregunte.

porque el oír siempre no está
en manos de las personas.
ROBERTO: No es nada bobo el villano.[29]
LAURETA: Diga, que ya es fuerza que oiga.
CAPITÁN: El Capitán de Ebros soy.
MOROLLUDO: ¡Válgamos nuestra señora!
¡Qué es el capitán Diabros!
LAURETA: Señor Capitán, conozca
a Laureta por muy suya.
MOROLLUDO: Bravamente os alborota
el ver algún Capitán
como hacen gente os provocan.
CAPITÁN: A la Corte de Viena
voy a negocios que importan,
y en el monte nos perdimos
con la noche tenebrosa.
MOROLLUDO: Aquí cerca está una quinta[30]
donde hay pardiobre un moza,
que como en sangre también,
en la hermosura conforma.
Un noble castillo tiene
en la falda deleitosa
de esa montaña, de quien
es baronesa o barona.
Salió a cazar esta tarde
entre esas ásperas rocas,
y viendo ocultar al sol
en el mar sus trenzas rojas.
Con Laureta, mi mujer,

---

29 Morolludo es un villano ya que procede del campo. Como indica Covarrubias, los villanos «tienen poco contacto con la gente de ciudad, son de condición muy rústicos y desapacibles» (210). Roberto se sorprende de la inteligencia de Morolludo a pesar de su procedencia.

30 *Quinta*: «hacienda de labor en el campo con su casería» (*Cov.* II.153v). Recibía el nombre de *quinta* debido a que la persona que arrendaba el terreno para trabajarlo daba al propietario de los terrenos la quinta parte de los frutos cosechados.

que es aquella labradora,
la buscaba, que la quiero
como al trigo las palomas[31],
a la plata el ginovés[32],
la ensalada a la cebolla.
Y pues que el agua ha cesado,
y es la distancia tan corta,
que ayude aquí a la quinta, quiero
contaros la estoria[33] toda
por el camino, y deciros
unas copras[34] amorosas,
que los poetas llamamos
redondillas, y redondas,
que le hice a esta moza un día:
callar su nombre me importa
por el respleute[35] que el hombre
debe a la dama que adora.
Digo que las hice al verla,
que una siesta calurosa,
sus hermosos pies bañaba
en las cristalinas ondas
de una fuente que en su quinta
es una mina de aljófar.[36]

---

31 *Como al trigo las palomas*: «como las palomas al trigo».

32 En la literatura española del siglo XVII era muy habitual relacionar a los genoveses con la plata. La comunidad de genoveses en Sevilla, ciudad que recibía la plata procedente de América, era bastante numerosa y rica. Quevedo realizó un duro retrato al definir a los genoveses como «antecristos de las monedas de España» en *El Buscón* (1626) en clara alusión al perjuicio que éstos realizaban a la economía del país. En la letrilla del caballero Don Dinero, Quevedo alude al recorrido infructuoso de las riquezas que los españoles extraían en América, usando de nuevo la crítica habitual que culpaba a los genoveses de utilizar a Sevilla solo como un puerto de escala para transportar las riquezas a su tierra natal: «Nace en las Indias honrado / donde el mundo le acompaña, / viene a morir en España / y es en Génova enterrado» (9-12).

33 *Estoria*: Arcaísmo de «historia».

34 *Copras*: Coplas. Sufre el mismo cambio de «diabros».

35 *Respleute*: Respeto.

36 *Aljófar*: «perla de forma irregular y, comúnmente, pequeña» (DRAE).

Capitán: Por las señas que me ha dado,
la dama a quien enamora
es Isabela.
Roberto: Pues calla,
que es ridícula persona
para entretener el tiempo.
Laureta: El salvajón no las oiga
señor Capitán de Arneros[37].
Morolludo: Aunque más estéis celosa,
las heis de oir.[38]
Capitán: Decid pues.
Roberto: Lindo galán.
Morolludo: Va de copras.[39]
Isabela (Dentro): Traidor, si de tus intentos
piensas la ocasión lograr,
mis brazos han de estorbar
tus altivos pensamientos.
Capitán: ¿Qué es esto?
Roberto: Voces han dado.
Morolludo: No dejarán que rigores
escuchar a estos señores
poeta so desdichado.
Roberto: Eres caballero andante
y esta selva de aventuras.
Isabela: En vano ingrato procuras
obligarme como amante,
cuando me ofendes traidor.
Morolludo: Aquí hay alguna cautela,
que esta es mi ama Isabela.
Capitán: Isabela.

---

37 Laureta, también de origen villano, es incapaz de pronunciar el nombre del Capitán.

38 *Las heis de oir*: «Tenéis que oír».

39 *Copras*: coplas. En el discurso de Morolludo se da con frecuencia un proceso de rotacismo fonético por el que la «l» viene pronunciada como una «r». Es una característica del andaluz y, posiblemente, tuviera un efecto cómico en el público.

Laureta: Sí, señor.
Capitán: De enojo y pesar reviento,
yo la sabré socorrer.
Morolludo: Presto que debe correr
su honor algún nutrimento[40].
Isabela: Valedme cielos.
Capitán: Ya un rayo
de su esfera te socorre. (Saca la espada y se va)
Laureta: ¿Qué brava tormenta corre?
Roberto: Mi valor, aunque lacayo,
ayudarle determina,
que en semejantes tragedias
solamente en las comedias
es un lacayo gallina. (Se va)
Morolludo: Ea, valientes soldados,
socorred la que es mi dama.
Capitán (Dentro): Hombre, oh ¿quién eres?, ¿qué fama,
tus amorosos cuidados,
han de adquirir de esta suerte?
Isabela: ¡Quién me ampara, gran valor!
Morolludo: Ya se pegan.
Laureta: ¡Qué temor!
Capitán: Hoy pagarás con la muerte
la presunción de atrevido.
Isabela: ¡Ah, cobarde!

Sale el Mariscal huyendo con la espada desnuda

Mariscal: Yo he perdido
la ocasión más venturosa

---

40 *Nutrimento*: detrimento.

que el amor pudiera darme,
aquí es valor retirarme,
¡ah Isabela rigurosa!
Yo venceré tu desdén.

Capitán: Seguir tus pasos intento.
Mariscal: Gente hay aquí.
Laureta: Pasos siento.
Morolludo: Y yo los siento también.
Laureta: Es de Bros, el Capitán.[41]
Capitán: Detente, que es temerario
tu intento.
Mariscal: De mi contrario[42]
de allí las señas me dan.
Laureta: ¿No responde?
Mariscal: Qué desdicha,
¿que el de Bros hubo de ser
quien la llegó a socorrer?
Ya no espero tener dicha
en mi amante pretensión,
sírvame pues de sagrado
de este bosque lo intrincado[43]. (Se va)

Salen Isabela, el Capitán con arcabuz y Roberto

Isabela: Cobarde resolución.
Capitán: Isabela, aún no ha entendido
quién soy, disimula agora:
mucho he estimado, señora,
de haber a tiempo venido
que socorreros pudiese.

41 Aunque poco antes lo ha llamado Capitán de Arneros ahora lo llama por su verdadero nombre.

42 El Capitán y el Mariscal son «contrarios» porque ambos pretenden la mano de Isabela.

43 Revuelto, confuso.

Isabela: A vuestras plantas, señor,
será justo que mi honor
por noble amparo os confiese.
Capitán: Ya señora vuestro nombre
supe de estos aldeanos.
Laureta: Danos señora tus manos.
Isabela: Laureta.
Morolludo: Como del hombre
no hace caso, ¿cuándo he sido
quien su persona libró?
Roberto: ¿Vos la liberasteis?
Morolludo: Pues no.
Capitán: Lo que solamente os pido,
es me digáis brevemente
de esta causa el fundamento.
Isabela: Pues oíd, señor, atento,
si la causa os lo consiente:[44]
a esta montaña, que su falda oprime,
cuando de fuego el sol rayos esgrime,
esta tarde salí peinando el monte
que es rústica guedeja[45] a tu horizonte,
cuando en la margen de una fuente pura,
cristalina lisonja a su hermosura,
un venado descubro, en cuya frente
la edad pude leer bien fácilmente
que en hojas de sus puntas había impreso
el tiempo con caracteres de hueso.
Laureta: Ojalá que en el mundo esto pasara
porque nadie los años se quitara.
Isabela: Mas apenas sintió mi nombre, cuando

44 Isabela va a recitar su historia dentro de un poema de diez versos endecasílabos. El paso de octosílabos, en los dos versos anteriores, a endecasílabos supone el uso de un mayor carácter dramático debido a la situación sentimental en la que se encuentra. Isabela va a continuar este tipo de discurso dramático en los próximos versos dentro de su interacción con Laureta.

45 *Guedeja*: Mechón de cabellos.

la silvestre melena repelando
con los diente del peine de su frente,
llegó a pasar del río la corriente.
Yo que desde su margen le miraba,
barco viviente entonces le juzgaba
pues cuando los cristales dividía,
de jarcias[46] la enramada le servía,
pies y manos de remos, de piloto
el temor que causaba mi alboroto,
pretendiendo veloz, queriendo asperto
en la margen opuesta tomar puerto,
prevengo este arcabuz[47], sierpe que aborta,
veneno en plomo, y que a temor exhorta,
pues de lo diestro de sus golpes duros,
los átomos del sol están seguros,
herido el pedernal vomita fuego,
porque aunque en su dureza estaba ciego,
del eslabón entonces castigado,
en suspiros ardientes que exhalado,
monstruo que un pedernal en sus querellas,
las lágrimas que arroja son centellas.
Salió a luz aquel parto de su seno,
y al animado barco dio barreno[48],
y el que cortando el líquido camino,
estaba ya del puerto tan vecino,
en calma deja en medio de su curso,
sin gobierno, sin orden, ni discurso,
adonde el agua que antes le temía,

46 *Jarcias*: «Conjunto de aderezos de una nave o galera» (*Cov.* II.212v).

47 *Arcabuz*: «Arma antigua de fuego, con cañón de hierro y caja de madera, semejante al fusil, que se disparaba prendiendo la pólvora del tiro mediante una mecha móvil colocada en la misma arma» (DRAE). Covarrubias la considera, en 1611, «arma forjada en el infierno, inventada por el demonio» (I.58v).

48 *Dar barreno*: «una barrera de hierro retorcida al cabo en esquinas, con que va comiendo la madera. Suelen barrenar los navíos secretamente para echarlos al fondo» (*Cov.* I.86r).

burladora a sus ondas le mecía.
El viento que a su curso le ayudaba
a que choque en las peñas le llevaba,
las ramas que de jarcias le servían,
mas con su peso allí le sumergían,
los pies y manos, que sus remos fueron
de estorbo, no de alivio le sirvieron,
los peces que en sus grutas se escondían,
al verle de antes ya se le atrevían,
quedando en fin su altivo pensamiento
por risa del cristal burla del viento.
Mi pecho que piadoso le miraba,
de la humana belleza se acordaba,
pues nada importa, que con vana pompa
golfos alegres la hermosura rompa,
si en el primero cauteloso amago,
de su muerte fatal sintió el estrago:
aqueste melancólico diseño,
en mí con su tristeza infundió sueño,
y apenas en un éxtasis dormida,
paréntises[49] fue el sueño de la vida,
cuando del Mariscal.[50]

CAPITÁN: ¡Ay de mí!

ISABELA: Cuando
de aquel traidor[51] (aún pienso que temblando
está mi corazón) me vi asaltada,
que como de mi pecho despreciada,
su loca voluntad siempre había sido,
o fuese con las alas de valido[52]

---

49 *Paréntises*: «Paréntesis»

50 La frase queda interrumpida por la expresión temerosa del Capitán.

51 El Mariscal.

52 Un *valido*, aparte de designar al primer ministro de un monarca como en aquel momento era el Conde Duque de Olivares, se refiere aquí al «que logra el primer favor o estimación de cualquier particular» (*Aut.* VI.1739). En este caso, el particular, obviamente, sería Wallenstein.

del duque de Frislán, intento ciego,
que hiciese la traición lo que no el ruego,
mi honor, aunque dormido, vigilante,
me despertó con ánimo constante.
Requiero el instrumento, que preñado
del material no estaba salitrado[53],
pero nuevo instrumento en mis enojos
le previne a los rayos de mis ojos.
Solicita caricias, yo desvíos,
publica resistencias, muestro bríos,
quiere prenderme en sus traidores brazos,
donde le hiciera, vive Dios, pedazos
si de tu gran valor: ¿mas qué instrumento
Tocan dentro un clarín
con lengua de metal asusta el viento?

Capitán: Dame Roberto mi caballo aprisa,
que a mi lealtad este clarín avisa,
que el Duque de Frislán[54] muy cerca viene,
y ausentarme, señora, me conviene.

Isabela: Pues, ¿cómo sin saber?

Capitán: Esto es forzoso.

Roberto: Ya es mucho tu rigor.

Capitán: Del alevoso
Mariscal libre estáis, demás que el alba
los pájaros cantores hacen salva,
y ofreciendo gustosas alegrías
vuestros ojos le dan los buenos días.

Morolludo: Es cierto, porque ya mi gallo canta,
y en la aldea hace pasos de garganta.

Roberto: ¿Gallo tenéis? Pues procurad guardarlo,

---

53 *Salitre*: «uno de los materiales de la pólvora» (*Cov*. II.167v).

54 El ducado de Friedland, españolizado con el nombre de Frislán, se estableció en Bohemia (actual República Checa) en 1627 y duró hasta 1634. Su único poseedor fue Albrecht von Wallenstein, el personaje de esta obra. La creación del ducado indica la enorme influencia que adquirió Wallenstein durante la Guerra de los Treinta Años.

porque si el de Frislán llega a escucharlo
a todos ha de hacer luego matarlos,
que es verdugo de perros y de gallos.[55]
Morolludo: Mi gallo, aquesto no.
Isabela: Decid ahora
el nombre, que pues soy vuestra deudora
quiero saber a quién el honor debo.
Capitán: Aun mi nombre a deciros no me atrevo,
que al referirle al beneficio estraga[56],
porque parece que es pedir la paga,
más pues que ya la cortesía infamo,
señora, el Capitán de Bros me llamo.
Isabela: Ay, Dios, el Capitán, mi bien, ¿qué es esto?
¿Vos solo? En fin echó mi vida el resto,
¿pero cómo?
Capitán: Isabela, en mí la fama,
a la lealtad y no al amor me llama,
a la Corte me parto de Viena[57]
a un aviso forzoso.[58]
Isabela: ¡Triste pena!
Capitán: A Eleusi[59] he de volver.
Isabela: Dichosa suerte.
Roberto: El clarín otra vez.
Isabela: ¡Sentencia fuerte!
Capitán: Yo he de quitar al Mariscal la vida.[60]

---

55 Primera referencia que se hace en la obra a las creencias supersticiosas de Wallenstein de que los ruidos producidos por perros y gallos eran anuncio de malos augurios.

56 *Estraga*: «Cause estrago, eche a perder, arruine».

57 *Me parto de Viena*: «Parto a la Corte de Viena».

58 De Bros antepone su lealtad al emperador como oficial al amor que siente por Isabela.

59 Pilsen. Antes aparecía formulado como «Eusi», más adelante se verá como «Leusi». Siempre hace referencia a la ciudad de Pilsen.

60 A partir de este momento quedan establecidos dos grupos claramente definidos: el pro-imperial, liderado por el Capitán y que actúa en defensa del Imperio, y el subversivo, con el Mariscal conspirador y del lado de Wallenstein. La mano de Isabela simboliza esta lucha.

Isabela: La mía queda a tu memoria asida.
Capitán: ¿Y es aquesto verdad?
Isabela: ¿Qué mayor gloria
puede el alma tener?[61]
Capitán: Dulce victoria.
Isabela: ¿Que haya sido (¡ay de mí!) para perderos
esta desdicha la pensión del veros?[62]
Capitán: Esto Isabela, a mi lealtad conviene.
Isabela: Qué de zozobras la ventura tiene.
Capitán: Isabela, con vos se queda el alma,
aunque me ausento.
Isabela: Qué terrible calma.
Capitán: Adiós, mi bien, adiós.
Isabela: Guárdete el cielo.[63]
Capitán: Roberto, gran beldad.
Isabela: Toda soy hielo. (Se va)
Roberto: Pues a fe que no es barro la villana,
por Cristo que me voy de mala gana. (Se va)
Isabela: Ya subiendo a caballo imita al viento,
y le sigue veloz mi pensamiento,
a como el bien a él ausentarse vuela,
pero que mucho si es mi mal la espuela.
Capitán (Dentro): Adiós, señora, adiós.
Isabela: Su voz escucha,
sino es el viento que en las ramas lucha,
ah Capitán, señor.
Morolludo: Loca ha quedado.
Isabela: Pero ya en aquel valle se ha ocultado,
vamos desdichas, a morir de ausente.

---

61 La satisfacción del alma, llegando a alcanzar la gloria, supone la sensación más elevada que puede experimentar el ser humano. La gloria del alma, en el pensamiento neoplatónico que estaba de moda en la España de los siglos XVI y XVII, queda por encima de cualquier otra sensación que pueda percibir el cuerpo.

62 *La pensión del veros*: «la posibilidad de verte, de estar contigo».

63 «Que el cielo te proteja».

Laureta: Mucho tu pecho esta partida siente.
Isabela: ¿Qué quieres? Noble soy, vivo obligada,
ya te lo he dicho sin decirte nada.
Laureta: El criado también, bien lo acomodo,
ya te lo he dicho sin decirlo todo.
Morolludo: ¿Qué es esto?
Isabela: ¿Qué ha de ser, villano? Nada.
Morolludo: Enterrad mi amor ido Luis Quixada.[64]

Suenan trompeta y cajas. Salen el Duque de Frislán, el Mariscal y Tersa y el Co
nel Cordón

Duque: Tened, parad la carroza,
que en aquesta quinta amena
pienso descansar un rato.
Tersa: Haced alto, que su Alteza
el duque de Frislán quiere
parar aquí.
Cordón: Fabio, llega
la carroza a aquesta parte,
quita el estribo, ¿qué esperas?

Sale el Duque arrimado al Mariscal y al Coronel Tersa

Mariscal: Cansado vendrá sin duda
de la batalla sangrienta:
(a buena ocasión llegue,
pues no hice falta a su alteza).
Tersa: Descansa, señor, un poco.
Duque: Mariscal, Coronel, Tersa,

64 Puede que se refiera a Luis Quixada, mayordomo del emperador Carlos V, por el hecho de que de Bros vaya a informar al actual emperador de lo ocurrido en la Batalla de Lützen.

llegad todos, que los dos
sois columnas que sustentan
el peso de mis hazañas[65]:
y así no es justo que tema
ruina aqueste edificio,
a quien los años intentan
con la lima de sus días
derribar la fortaleza.
Mariscal: Mucho este favor estimo,
aunque el favor no merezca.
Tersa: Siempre señor, me has honrado.
Cordón: De mí el Duque no hace cuenta,
no importa, vasallo soy
del Emperador, él premia
solamente a los vasallos:
mas porque el Duque no entienda,
que me retiro yo llego:
¿Cómo se siente su alteza
de la herida?[66]
Duque: No fue nada,
cobarde el plomo se muestra
conmigo, pues cuando más
vibraba ardientes centellas,
al herirme se quedó
en medio de la carrera
que aún los mismos elementos
parece que me respetan.
Ufano el emperador
puede estar, y no es soberbia

---

65 Aunque el Duque llama a tres personas, señala que «los dos sois columnas que sustentan el peso de mis hazañas». El Duque parece saber ya que el Coronel Cordón no apoya su levantamiento contra el Emperador.

66 Wallenstein había sido herido en la batalla de Lützen. Sin embargo, como hemos visto en el ensayo introductorio, o se debía a una herida anterior o a una invención de los autores ya que Wallenstein nunca entró en combate.

lo que digo de tener
un vasallo a quien veneran
del mundo las partes cuatro,
pues sin la heroica defensa
de esta espada y de este brazo
seguridad no tuvieran
los leones de Filipo,
ni las Águilas del César.[67]

Tersa: Bien esa verdad pública
el ver al Rey de Suecia,
señor, muerto en la campaña.

Duque: Cuñado[68], victoria es esta,
que excede a las de Alexandro[69]
y a las de Escipión[70] afrenta.

Cordón: No he visto jamás al Duque
con tal presunción creyera,
que en su lealtad, más aquesto
es ilusión de la idea.

Duque: Coronel Cordón, y vos
confidente amigo Ersa[71],
guiad a Leusi la gente,
que solo conmigo queda
el Mariscal entre tanto
que nos sigue.

Tersa: Pues me ordenas
que vaya, a mi honor conviene.

---

67 Wallenstein se presenta en su primera aparición como un personaje con una alta concepción de sí mismo y que se considera responsable principal de los éxitos del Imperio y de su «seguridad». *Filipo* es Felipe IV, rey de España, mientras que el *César* es el emperador Fernando II, ambos de la casa de Habsburgo.

68 Trčka (Tersa) era cuñado de Wallenstein.

69 Alejandro Magno, rey de Macedonia (356 a.C.-323 a.C.)

70 Escipión el Africano (236 a.C-183 a.C.), destacado general del Imperio Romano famoso por derrotar a Aníbal Barca en la batalla de Zana (202 a.C.), enfrentamiento decisivo que decantó la Segunda Guerra Púnica a favor de los romanos.

71 Tersky aparece normalmente mencionado en la obra como Tersa. Sin embargo, aquí, y en varias ocasiones más, lo hace como Ersa.

Cordón: Si también conmigo el Ersa
mandas que parta, conozco
que me importa la obediencia:
marcha a Leusi.
Tersa: A Leusi guía,
que así lo manda su Alteza.
Cordón: En enigma tan oscura,
en tan confusa materia,
aclare el cielo las dudas,
que neutral mi pecho engendra.

Se va al son de las cajas

Mariscal: ¿Qué[72] me querrá el Duque a solas?
¿Si ha sabido de Isabela
el suceso?[73] ¿Pero cómo?
Si aún no ha llegado a la aldea,
según creo.
Duque: Pensareis
que mi persona se queda,
Mariscal, en esta quinta
porque descansar en ella
intento.
Mariscal: Así lo he pensado.
Duque: No, Mariscal, que no es esa
la causa, soy vuestro amigo,
y los amigos se muestran
en las ocasiones grandes.
Mariscal: Señor mire vuestra Alteza,
que me desvanece[74] mucho

72 *Que*: «¿Para qué...?»
73 *Si ha sabido de Isabela el suceso*: «¿Habrá sabido de Isabela el suceso?»
74 El significado principal de «desvanecer» en la primera mitad del siglo XVII no es el actual, aunque guarde cierta relación, sino el de «hacer vano, desvanecemos a uno loándole demasiado y adulándole» (*Cov.* I.122r).

tanto favor.
Duque: De Isabela
sé que sois amante firme,
y que al paso que os desprecia[75],
al Capitán de Bros ama.
Esta relación es cierta,
porque de vos la he sabido,
lo que mi amistad ordena
en orden a vuestro gusto,
fue que llevase las nuevas
de Bros al Emperador
del muerto Rey de Suecia,
porque estorbar no intentara
la acción que lograr intentan
mis deseos, y la mano
de esposa os dará Isabela,
mostrándose más afable,
porque veáis cuánto pesa
en mí la amistad, pues cuando
solo de Marte me llevan
los ensayos, terciar quiero
en vuestra amorosa pena,
mas por eso sois mi amigo
el más confidente, y precia
mi amor tanto estas dos partes
que deshace, que atropella
aún mi propio natural.
Porque cuando se me ofrezca
el haberos menester,
mi voluntad viva cierta

75 *Que al paso que os desprecia*: «Al mismo tiempo que te desprecia».

de que perderéis la vida
cuando necesario sea
por mí, Mariscal, supuesto
que por vos lo mismo hiciera.[76]

Mariscal: Que sabré perder la vida,
la quietud, honor y hacienda
por ti, no lo dude el mundo,
y más, señor, cuando premias
con Isabela mi amor,
que aunque no es fácil la empresa
bastará que tú lo mandes
para que luego obedezca.

Duque: Avisa pues que he llegado
a Isabela, que me altera
el ver que no haya salido.

Mariscal: Quizás no está en el aldea,[77]
bien disimulo, ah tirana,
hoy venceré tu dureza. (Se va)

Duque: Qué agradable sitio es este,
la memoria se renueva
de cuando en mi feliz quinta
contento vivía en ella:
después que el Emperador
por relaciones siniestras
me quitó el bastón[78], mas presto

76 En esta escena quedan establecidos los fuertes lazos entre el Duque y el Mariscal que continuarán hasta el final de la obra.

77 *Aldea* era un sustantivo de género femenino que podía ir acompañado del artículo masculino como se puede ver en la definición de Covarrubias en 1611 (I. 29).

78 Wallenstein era sospechoso de conspirar contra el Imperio en unión con los príncipes protestantes alemanes mientras se oponía a la emisión del Edicto de Restitución, tratado diseñado para restaurar todas las propiedades eclesiásticas católicas que habían sido secularizadas tras la Paz de Passau de 1552. Como consecuencia, los electores de la Liga Católica (las «relaciones siniestras») le aconsejaron a Fernando II que lo cesara de su cargo a pesar de sus victorias sobre los protestantes en Silesia, Anhalt y Dinamarca, como finalmente sucedió el 13 de agosto de 1630 en la Dieta Imperial de Ratisbona.

he de vengar esta ofensa.
Allí mi pecho imitaba
a aquel Príncipe de Atenas
que por el campo trocó
de sus reinos las grandezas,
hasta que Filipo el Grande[79],
hasta que el supremo César
me mandaron (mal he dicho)
me pidieron que volviera
a gobernar el bastón
en defensa de la Iglesia.[80]
Cuando está el valor dormido
mal hace quien le despierta,
pues despertar a quien duerme
acción nunca ha sido cuerda,
porque es perro la ambición,
que irritado tal vez muestra
lo afilado de sus dientes
al dueño que lo alimenta.
¿Qué Monarca soberano,
qué Príncipe de la tierra
con tanto aplauso se ha visto
como yo? No, no parezca
este desvanecimiento
injusto en mí, pues si intenta

79 Felipe IV (1605-1665), rey de España.

80 Cuando Wallenstein fue cesado de su cargo de generalísimo, fue sustituido, el 9 de noviembre, por Johann Tzerclaes, Conde de Tilly, quien tomó el mando del ejército imperial con el apoyo de Pappenheim, antiguo mariscal de campo de Wallenstein. El general Tilly lideró al ejército católico contra los suecos en la Batalla de Leipzig en 1631 y de la cual salieron derrotados. El 15 de abril de 1632 se enfrentaron en la Batalla del Río Lech cuyo resultado fue la muerte de Tilly y la ocupación sueca de Augsburgo el 30 de abril. Fernando II se vio obligado a llamar a Wallenstein para reorganizar el ejército e impedir el avance hacia Múnich de Gustavo Adolfo con la intención de ocupar Bohemia y amenazando con llegar a la corte de Viena. Wallenstein era el único que podía impedirlo y el 13 de abril de 1632, dos días antes de la derrota de Tilly en el Río Lech, era nombrado, de nuevo, generalísimo de los ejércitos imperiales.

culparme alguno cuando el
verse como yo merezca,
conocerá que a los rayos
de tanto aplauso y grandeza,
no hay lealtad que no desmaye,
ni ambición que no se atreva,
quien en el mundo podrá
domar mis valientes fuerzas.

Morolludo dentro

Morolludo: El Emperador.
Duque: ¡Qué escucho!
Morolludo: El Emperador.
Duque: Profeta
esta voz sirve de anuncio.
Alguna infeliz tragedia:
¡Hola Mariscal, soldados!

Salen Isabela y el Mariscal, Laureta y Morolludo

Isabela: Señor, ¿llamaba su Alteza?
Mariscal: ¿Fue su Alteza el que llamaba?
Morolludo: ¿Quién olea?[81]
Laureta: ¿Quién olea?
Duque: Isabela, Mariscal.
Mariscal: ¿Qué te aflige?
Isabela: ¿Qué te altera?
¿Cuándo tanta dicha alcanzo
en que honres mi casa?

---

81 Juego de palabras: ¿Quién dice «hola»? y *olear,* «dar el olio al enfermo peligroso» (*Cov.* II.125r-v)

Duque: Sepa
de vosotros yo quien fue
el que ahora nombró al César
dos veces.[82]
Morolludo: Eso le aflige,
sepa pues su remenencia[83]
v.m.[84] o paternidad,
su señoría, o artesa,[85]
con toda la letanía,
duquerías insolencias,
que los títeres del mundo
tanto en las cortes celebra.[86]
Laureta: A mí me toca el decirlo,
que sois Morolludo bestia,
y hablad bajo, porque el Duque
os hará cargar de leña,
como dicen que hace a aquellos
que hablan recio en su presencia.[87]
Isabela: Calla tú, Laureta.
Morolludo: Digo,
que nos han dado por nuevas,
que es un Herodes de gallos,
y este que acuesto conmigo,
y este que siento a mi mesa:
un soldado de los tuyos
quiso matarle, persona
cual puede tener el alma.
Hice lastimosas quejas,

---

82 *Sepa de vosotros yo quien fue el que ahora nombró al César dos veces*: «Quiero saber quién de vosotros nombró dos veces al César».

83 *Remenencia*: «Eminencia».

84 *V.m.*: «Vuestra merced».

85 *Artesa:* «Alteza».

86 Morolludo utiliza palabras pronunciadas de forma equivocada para parodiar el discurso anterior del Duque y burlarse de sus altas pretensiones.

87 *Hablar recio*: «hablar alto» (*Cov*. II.156r)

me dijo que quién podría
estorbarlo. Por respuesta
le di que el Emperador
y esto es craro[88], porque el César
de todos los inocentes
es el amparo y defensa,
esto fue, no fue otra cosa.
Mas será razón que adviertas,
que este gallo es tan cortés
que jamás ha dicho estas
gallinas son mías, mira
qué propiedad tan honesta:
y aunque nos dice un refrán
que en su muladar gallean
todos los gallos[89], aqueste
su muladar proprio deja,
y por no entrar en refranes,
en los ajenos se acuesta,[90]
imperial cresta le adorna
pues de vasallo te precias
del Emperador, no es bien
que porque tanto asemeja
a la Corona Imperial,
siendo un símbolo su cresta,
le des la muerte, demás
que no eres Pedro que niega
a Cristo, para que un gallo
tanto al oído te ofenda,

---

88 *Craro*: «claro».

89 *En su muladar gallean todos los gallos* viene a decir que todos tienen poder y autoridad en su casa.

90 Morolludo le estaba diciendo directamente al Duque que estaba sobrepasando sus límites con respecto al lugar que debía ocupar en el Imperio y su relación de vasallaje con el Emperador realizando una analogía con el gallo que quiere abandonar su muladar, o espacio establecido, para ocupar otro que no le corresponde.

aunque como eres León,
no es mucho que le aborrezcas,
porque dizque[91] a los leones
les dan los gallos dentera,
misericordia mi gallo.
Duque: Válgame el cielo, ¿que puedan
los acasos de un villano
alterarme? Qué molesta
vive en mí la fantasía.
Isabela: Esta villana rudeza
disculpa, señor, y admite
mi voluntad, que profesa
solo el gusto de agradarte.
Duque: Alzad hermosa Isabela,
que antes me huelgo de oírle.
Morolludo: Pues por eso, aunque no quiera,
de decirle tengo agora[92],
bailando una copra nueva.
Alberto de Ballestán[93]
¿no se llama?
Duque: ¿Sí?
Morolludo: Pues esta es la copra.
Duque: Decid.
Morolludo: Atienda su Artesa,
el gran Duco de fray Juan[94],
Alberto de Balestán. (*Canta y baila*)
Oh, Alberto de Ballestón,[95]

---

91 *Dizque*: «En el español de amplias zonas de América sigue vigente el uso de esta expresión, procedente de la amalgama de la forma apocopada arcaica *diz* ('dice', tercera persona del singular de presente de indicativo del verbo *decir*) y la conjunción *que*. Se usa normalmente como adverbio, con el sentido de 'al parecer o supuestamente' « (DPD).

92 *de decirle tengo agora*: «tengo que decirle ahora».

93 *Alberto de Ballestán*: Morolludo castellaniza a su manera el nombre del Duque.

94 *Duco de fray Juan*: «Duque de Frislán».

95 En su copla, Morolludo no deja de mofarse de los títulos y nombre de Wallenstein.

al sueco en conclusión
le ha dado de perro pan.[96]
Mariscal: Qué simplicidad villana.
Morolludo: ¿Qué le parece a su Artesa?
Duque: Muy bien.
Morolludo: Pues mi gallo viva.
Duque: Viva muy en hora buena:
Isabela, hablarte quiero.
Isabela: A servirte estoy dispuesta,
idos vosotros.[97]
Laureta: Ya vamos.
Morolludo: Que vivas más años prega,
que el amor en Portugal,
y en Cataluña la afrenta.[98] (Se van)
Mariscal: De Isabela en el semblante
no he visto ningunas señas
de enojo.
Isabela: Bien disimula
aqueste traidor mi ofensa.
Duque: Que el Mariscal es mi amigo
sabes ya, que a mi grandeza
estima el mundo ¿también?
Que siempre mi mano premia
los servicios que le hacen,
todo el orbe lo confiesa.
Isabela: ¿Dónde se despeña el Duque?[99]

---

96 *Le da dado de perro pan*: «lo mató». *Se* refiere a la muerte del rey de Suecia a manos del ejército de Wallenstein en Lützen. El «pan de perro» es «el que se hace para sustento de ellos. Se hace regularmente de salvado solo o con muy poca harina...Metafóricamente vale daño o castigo que se hace o da a alguno. Es tomada la alusión de que en el pan suelen darles a los perros lo que llaman zarazas, para matarlos» (*Aut*. 1737, 131).

97 *idos vosotros*: «id vosotros», «marchad vosotros».

98 En el momento en que se escribe la obra, Cataluña ya había comenzado a mostrar su desacuerdo con la política de Olivares dentro del conjunto de la nación española y el cobro de impuestos y que desembocaría en la sublevación que comenzó en 1640 y duró hasta 1659.

99 *¿Dónde se despeña el Duque?*: «¿A qué se refiere el Duque?»

Duque: Estas verdades supuestas,
en esta ocasión de agora
os suplico baronesa,
que me respondáis afable
y que me obliguéis risueña.
Vos habéis de dar la mano
Isabela, en mi presencia,
al Mariscal de su esposa,
pues vuestra mano granjea
los méritos que se deben
a vuestra sangre y belleza,
que a ser vuestro padre vivo[100],
yo sé que me agradeciera
esta acción por la amistad
que entre los dos hubo, y muestra
la mía en esta ocasión,
que así pago aquella deuda,
dándoos por esposo aquí
a quien mi pecho venera.
Y si acaso en Alemania
hay persona que os pretenda,
os suplico que ninguno
vuestros favores merezca.
Supuesto que al Mariscal
en calidad y en hacienda
hay muy pocos que le igualen
y ninguno que le exceda.
Esto otra vez os suplico,
porque de no hacerlo, es fuerza
que mi cordura se irrite

100 *A ser vuestro padre vivo*: «a estar su padre vivo».

y se enoje mi paciencia.
Isabela: Después que murió mi padre,
bien sabes que en esta aldea,
señor, retirada vivo,
y aunque amar tal vez me enseñan
los requiebros de las aves,
los abrazos de las yedras,
a mi pecho las caricias
de Venus no lisonjean[101],
porque solo las de Marte
a su inclemencia me llevan.[102]
Aquí como ves asisto,
aunque entre rústicas peñas,
lisonjeada de las aves,
y temida de las fieras.
Aquí al yugo de Himineo
que tanto a veces molesta
mi cuello siempre constante,
le sacude o le desprecia.[103]
Aquí logro mi albedrio[104]
y así, señor, no pretendas
forzar albedríos, cuando
aún el cielo no los fuerza[105]

---

101 Venus es la diosa romana del amor. Isabela está indicando que no está enamorada.

102 Marte es el dios romano de la guerra.

103 El *yugo de Himineo* hace referencia al matrimonio. Himeneo, hijo de Dioniso y Afrodita, era un dios de las ceremonias matrimoniales que se suponía que asistía a las bodas portando buena fortuna. Isabela «sacude y desprecia» el matrimonio y así se lo hace saber al Duque cuando éste le propone casarse con el Mariscal.

104 *Logro mi albedrio*: «consigo hacer lo que quiero».

105 El libre albedrío es una doctrina esencial del Catolicismo y sostiene que el ser humano es libre para tomar sus propias decisiones y elegir qué camino quieren tomar en la vida sin que Dios, aunque siga siendo omnipotente, tenga el poder de cambiarlos. Después de la Contrarreforma, en la segunda mitad del siglo XVI, el libre albedrío católico se enfrenta a la predestinación de las ramas cristianas protestantes que defienden que todo lo que va a ocurrirle al ser humano está ya escrito por Dios y es imposible de modificar.

porque oprimir voluntades,
más que amor parece tema
y de un amante no es gloria
hacer favor de la ofensa.
Mariscal: Por mí lo dice. (¡Ah, cruel!
Bien su intento manifiesta,
que al Duque da las disculpas
y a mi pecho las saetas).
Duque: En fin, ¿no puedo obligaros?
Isabela: Esta es, señor, mi respuesta.
Duque: Entre las hazañas mías,
solo me ha faltado aquesta
por vencer, ¿que una mujer
borrar mis blasones pueda?
Que notable desengaño
presto veréis Isabela,
que lo que es agora ruego,
ha de ser de hoy más violencia.
Isabela: No temo las amenazas,
que soy quien soy.
Duque: Baronesa,
mirad bien.
Isabela: Ya lo he mirado.
Duque: Presto el tiempo os dará muestras
de lo que puede este brazo.
Isabela: No es mi pecho fortaleza,
para que puedas rendirla,
para que intentes vencerla,
en mí solo impera el cielo.
Duque: ¿Y después del cielo?

Isabela: El César.
Duque: Hola, llegad la carroza,
ven Mariscal a Viena,
que he de ser César o nada,
porque mis órdenes tema,
porque logre mis designios,
porque Isabela te quiera.[106] (Se va)
Mariscal: Yo te sacaré del pecho
esas mal nacidas prendas.
Isabela: Amenazas de un cobarde
no es bien que mi pecho tema.
Recibe Capitán mío[107]
estas amantes finezas[108],
hasta que por verte a Leusi
mi casta afición me lleva. (Se va)

Al son de chirimías y atabalillos[109] *salgan el Emperador, la Reina de Hungría, el Rey de Hungría*[110], *el Capitán de Bros, y todos los que puedan. Siéntese el Emperador debajo de un dosel, el Rey en una silla rasa a los pies y la Reina en una almohada.*[111]

Emperador: Ya que el cielo ha permitido,
que mi general Alberto
dejó al de Suecia muerto,
y su ejército vencido.[112]

106 El Duque declara abiertamente su intención por derrocar al Emperador vigente y coloca al Mariscal a su lado con el móvil del matrimonio con Isabel como excusa.

107 Capitán de Bros.

108 *Finezas*: «Acción o dicho con que alguien da a entender el amor y benevolencia que tiene a otra persona» (DRAE).

109 Atabal: «tipo de tambor o caja redonda» (*Cov.* I.69r)

110 En 1634 el rey de Hungría era Fernando III de Habsburgo (1587-1637), hijo del Emperador Fernando II. Fue Rey de Hungría desde 1625 y se coronó emperador a la muerte de su padre en 1637.

111 Acotación que señalaba la entrada de actores. Como se puede apreciar, se pretendía que fuese una escena de grandes proporciones con el mayor número de personas posibles encima del escenario.

Hoy Capitán he querido
para más honor y gloria
referir a vuestra memoria
en presencia del de Hungría,
y de la Reina María,[113]
la no esperada victoria.
Hijos, asientos tomad.

Rey: Ya la escuchamos atentos.

Reina Bien premia mis pensamientos
tu Cesárea Majestad.

Emperador: Los cumplimientos dejad,
y el Capitán nos refiera
la batalla.[114]

Capitán: Aunque pudiera
a la luz de tantos rayos
sentir mi pecho desmayos,
fue, señor, de esta manera.
Después que el Rey de Suecia,
por nombre Gustavo Adolfo,
rayo fatal de Alemania,
y de toda Europa asombro.[115]
En cuyo gallardo pecho
era el valor tan heroico
que a sus hazañas juzgaba

112 En realidad la batalla fue vencida por los suecos. Sin embargo, la muerte del rey sueco supuso una victoria moral para los católicos.

113 María Ana de Austria (1606-1646), Reina de Hungría e hija de Felipe III de España, se casó con Fernando III en 1631. Fue retratada por Velázquez alrededor de 1630 en Nápoles (Italia).

114 A partir de aquí da comienzo el largo parlamento del Capitán en el que resume lo sucedido en la batalla y la participación de Wallenstein en ésta.

115 El rayo es sinónimo de fuerza y temor producido en el enemigo. En 1631, Gustavo Adolfo era considerado uno de los hombres más poderosos de Europa. Trazaba alianzas con fuerzas contrarias a los Habsburgo, planeaba la creación de una unión de fuerzas protestantes y gozaba de muy buenas relaciones con el sultán otomano Murad IV, hecho que, desde España, se temía que pudiera ocasionar la venida de tropas turcas en apoyo de los ejércitos protestantes.

corta esfera el mundo todo.[116]
Que aunque nombro a tu enemigo,
con admiración lo nombro,
porque hace el vencido fuerte
al vencedor más glorioso.
Después que llegó triunfante
de Alemania a los contornos,
cual suele el airado rayo,
de las esferas aborto,
que taladrando las nubes,
es barrena de sus globos,
derribar soberbia torre,
abrazar humilde soto,
deshacer robusta encina,
requemar constante escollo,
o como la mina oculta
de la llama el primer soplo,
arrancar inmóviles peñas,
que del fuego artificioso
impelidos suben tanto,
que en el alcázar lustroso
de sol quieren ser columnas,
o barandas de su solio;
a cuyo horror los planetas,
vacilando entre sí propios,
admirando la materia,
quedan de la causa absortos.
Así pues el brazo airado
de este rayo monstruoso,
así pues, la mina oculta,

116 Introduce al monarca sueco como un grave peligro sofocado bravamente por las tropas imperiales.

que en su pecho forjó el odio
con el soplo de sus iras,
y el fuego de sus enojos,
arruinaban, destruían,
sin perdonar licencioso
desde la humilde cabaña
al más alto capitolio,
a cuyo horror los mortales
asombrados y dudosos,
aunque le juzgan humano,
tal vez mirándole el rostro
de hombre mortal le desmie[117]
y le acreditan de monstruo.[118]
Unos le llaman emblema,
no entendiendo enigmas, otros
muchos le aclaman del cielo,
cometa caliginoso[119]
y entre la tropa confusa
de los encontrados votos,
no le distingue ninguno,
aunque si le temen todos.
Mas como la mina y rayo
en sus intentos fogosos,
saltándoles la materia,
queman mucho, y duran poco.
Así este rayo, esta mina
permitió el cielo piadoso,
que tan presto se acabase
escúchame atento el modo.[120]

117 *Desmie*: «Desmienten».

118 *Le acreditan de monstruo*: lo consideran un monstruo.

119 En *La devoción de la cruz,* Calderón habla también de «caliginoso cometa» (326), para dar a entender algo oscuro, intricado y difícil de percibir. Don Quijote, por su parte, alude a «las sombras caliginosas de la ignorancia» (II.74).

120 Ahora, el Capitán describe la labor llevada a cabo por Wallenstein, españolizado también con el nombre de Alberto de Bolestán, al frente del ejército imperial.

Alberto de Bolestán,
Duque de Frislán heroico,
que general de tus armas,
es su columna y apoyo.
Ruego al cielo no peligre
de vanidad en el golfo,
que son mares los aplausos,
y las hazañas escollos.
Puso en fin valiente el Duque,
tu ejército numeroso,
después de varios combates,
que dejó por ser notorios.
A vista del de Suecia
en un valle, que espacioso
a las ciudades de Leusi
y Namburch sirve de adorno.
Y el día que se contaron
de Noviembre diez y ocho
de este año[121], cuando el alba
sentada en su regio trono
parece del sol virreina,
mercedes haciendo a todos,
se descubrieron los campos
y según de ello me informo,[122]
veinte mil eran los suyos,
y catorce mil nosotros.[123]
Deseosos se acercaron,
y al son de los ecos roncos

121 En realidad, la batalla de Lützen tuvo lugar el 16 de noviembre de 1632, dos días antes de lo indicado por Calderón y Coello.

122 A continuación, el Capitán comienza a relatar lo sucedido en la batalla.

123 Wilson coloca en 19.200 el número de suecos y en 14.650 el de los imperialistas (507-11). Wedgwood sitúa en 26.000 las fuerzas católicas y en 16.000 las protestantes; Mann dice que los católicos eran 16.000 y los protestantes entre 18.000 y 19.000 y da por hecho que los suecos «were at any rate more than the imperialists» (654); Fuller contabiliza 17.000 católicos frente a 18.000 protestantes.

de los castigados parches,
y de los bronces sonoros,
que anima la mano a golpes,
que alienta la boca a soplos.
El mismo sangriento Marte
en su esfera receloso
no se juzgaba seguro,
y entre los celajes rojos
de las cortinas que guardan
su lecho majestuoso,
se encubría acobardado,
y se desmayaba sordo.
Trabose la escaramuza[124],
y al ver la muerte el destrozo,
seguridad nos pedía
de su vida por soborno.
Tantas cabezas rodaban
de un ejército y de otro,
que el número de las muertas
era a las vivas estorbo,
siendo de púrpura humana
los raudales tan copiosos,
que caliente la bebían
los ya desangrados troncos,
y cobrando nuevo aliento
con el purpureo socorro,
a la batalla volvieron
más activos y briosos.
El Conde Papenain,[125]
a quien debe el mundo elogios,

---

124 Escaramuza: «Refriega de poca importancia sostenida especialmente por las avanzadas de los ejércitos» (DRAE).

125 El Conde Papenain era Heinrich Pappenheim, quien acudió a la ayuda del ejército imperial, portando entre 2.000 y 3.000 hombres a caballo, cuando la batalla ya había comenzado.

mal herido en la campaña,
era agarrochado toro,
que hechos espín los dientes[126],
fuego echando por los ojos,
su pie partido en la arena,
labra sepultura y foso,
adonde entierran la causa
de su agravio y de su enojo,
pero al fin vendió su vida[127]
aunque en precio bien costoso.
Viendo el de Suecia entonces
así su ejército roto,
en un ligero caballo,
cisne que nevado a copos,
iba en el mar de su espuma
anegándose a sí propio,
dijo a los suyos: «Cobardes,
¿dónde está el blasón honroso
de vuestros pechos valientes?
¿Dónde está que os desconozco?
Volved pues, que yo os animo,
no temáis, que yo os provoco,
vivo estoy, morid con fama
que es el vivir más glorioso.
Mas como de las heridas
mortales estaban todos,
a su débil valor fueron
poco alivio los oprobios.
Apenas estas razones
repitió en acentos broncos,

126 *Que hechos espín los dientes*: «con los dientes convertidos en puercoespín».
127 *Vendió su vida*: «falleció». Pappenheim fue herido durante el transcurso de la batalla, muriendo poco después de que finalizara ésta.

cuando inficionado[128] el aire,
una víbora de plomo[129]
en su pecho deposita
el veneno prodigioso,
y el que la tierra asombraba[130]
fue de la tierra despojo.
Donde el bruto que oprimía
con instinto milagroso,
con discretas manos labra
a su dueño el mauseolo[131].
Diez horas y más duró
la batalla[132], poco a poco
bajaba oscura la noche,
sus velos caliginosos
fueron valles que dividen
a los unos de los otros.
En una pierna fue herido
el de Frislán[133], poco estorbo
a su valor, a quien pienso
llegó el plomo temeroso.
Murieron del de Suecia
doce mil hombres, y solos
tres mil de tus imperiales,
que ha sido número corto

128 *Inficionado:* «infectado», «corrupto».

129 *Víbora de plomo*: «bala», «proyectil».

130 *El que la tierra asombraba*: perífrasis típica de la literatura medieval usada para engrandecer una figura determinada de forma indirecta.

131 *Mauseolo*: «Mausoleo».

132 *Diez horas y más*: «Más de diez horas». La batalla duró, como se indica en la obra, medio día aproximadamente.

133 Mann precisa que, sin embargo, Wallenstein nunca participó en la batalla ya que sufría la gota aquel día. Por otro lado, imaginamos que es cierto que tenía problemas en la pierna aunque no fuera, como indican Calderón y Coello, a consecuencia de una herida en la batalla.

para tan fuertes contrarios,
dejaron en sangre rojos
sesenta estandartes suyos,
para ti glorioso abono,
pues no perdieron ninguno
tus soldados animosos.[134]
De los muertos capitanes
a tu Majestad no informo,
por no cansarte, mas digo
que el de Frislán con el voto
de todos los Coroneles,
mostrándose cuidadoso,
a Leusi se retiró
aquella noche, y con poco
gobierno los de Suecia
a Enamburc con pie medroso.
Esta es la nueva felice,
que por premio, que por logro
de mis servicios, el Duque
me encargó que presuroso
trujese[135], para lo cual
alas visto, y postas tomo.[136]
Ya aquel rayo de Alemania
extinguió el rayo de Cloto[137],
ya el que era asombro de Europa,

---

134 Fuller contabiliza entre 3.000 y 4.000 las bajas católicas y solo entre 1.000 y 1.500 las protestantes (71). Wilson, por su parte, precisa en 3.000 los muertos en el bando de Wallenstein y en 6.000 en el de Gustavo Adolfo (510). Mann habla de 9.000 muertos, sin llegar a especificar cuantos en cada bando, aunque sí señala que hubo más muertos en el bando sueco (663).

135 *Trujese:* «Trajese».

136 *Alas visto, y postas tomo* se refiere a la velocidad con la que ha realizado el encargo del Duque de informar al Emperador.

137 Cloto, hija de Zeus, convenció a su padre para que matara a Asclepio con un rayo.

es de la humildad asombro.[138]
La mina que se ocultaba,
de luz fue pequeño aborto,
ya la estatua de Nabuco
yace convertida en polvo.
Para timbre de su fe,
y de sus templos adorno,
que adonde los pies son barro
no importan cabezas de oro.
Ya el Águila de Alemania,
por inconstante y por loco
mató el hijo que en sus rayos
no pudo fijar los ojos.
Para gloria de tu imperio,
para blasón más honroso
del Cuarto Felipe el grande,[139]
para honor de los famosos
reinos de Hungría y Bohemia[140]
que son del mundo el decoro.
Para cuchillo del Turco,
para prodigio del Moro,
para los confederados
en la Liga, freno y coto.[141]

---

138 Calderón y Coello representan la imagen del rayo, que una vez fuera temido por todos, ha caído y ahora es él el que ha sufrido la fuerza de Wallenstein. Antonio Hurtado de Mendoza, en su obra *Los empeños del mentir* centrada en la batalla de Nordlingen (1634) presenta un recuerdo de Gustavo Adolfo en donde lo define también como «rayo» que sufre una transformación con la muerte:

> Después que Gustavo Adolfo,
> del Norte ardiente cometa,
> no contentándose rayo,
> se desvaneció centella.
> (*Dramáticos contemporáneos a Lope de Vega*, Ramón Mesonero Romanos, 1881, p. 445)

139 Felipe IV, rey de España cuando se desarrollan los acontecimientos de la obra.

140 Ambos reinos eran parte del Imperio Romano-Germánico en 1632.

Y porque tu invicto brazo
tiemblen los rebeldes todos,[142]
desde donde Febo nace
en cuna de cinamomos,[143]
hasta que cansado muera
en su lecho proceloso.[144]

Emperador: Hijos, con victoria igual
bien es que las gracias demos
al cielo, y de que tenemos
tan valiente general
como el Duque.

Rey: No le tiene
ningún monarca mayor.

Tocan

Emperador: ¿A qué toca este atambor?[145]

Sale el Mariscal

Mariscal: El Duque de Frislán viene

---

141 La segunda Liga Santa, creada en 1571, tenía como propósito detener el avance del Imperio Otomano hacia el interior de Europa. Estaba formada fundamentalmente por España, la República Veneciana y los Estados Pontificios y la única batalla en la que actuaron conjuntamente se produjo en Lepanto el mismo año de su creación con victoria para los católicos sobre los otomanos. De ahí la expresión *cuchillo del turco*.

142 *Porque tu invicto brazo tiemblen los rebeldes todos*: «porque con tu invicto brazo tiemblen todos los rebeldes».

143 Fray Luis de León indica que es el cinamomo es similar a la canela añadiendo que «Galeno dice que el cinamomo tiene una suavidad de olor que no se puede explicar y...es cosa muy delicada en sabor y olor» (Traducción del *Libro de los Cantares de Salomón*, 66).

144 *Desde donde Febo nace...en su lecho proceloso:* Febo es el Dios-Sol y su nombre suele utilizarse como una metáfora para designar al astro. Los versos señalan el viaje del sol, que se corresponde con el día como tal, desde el momento en que sale, su nacimiento, hasta cuando se pone, su muerte.

145 Tambor. Aunque en el siglo XVII eran comunes palabras como *tamboril* o *tamborilero*, el término *tambor*, habitual hoy en día, no era de uso común entonces siendo *atambor* de uso habitual.

solo por ver tu persona,
de algunos acompañado,
y a avisarte me ha enviado.
EMPERADOR: Qué bien su lealtad pregona.
CAPITÁN: Este es mi competidor.[146]
MARISCAL: Allí mi contrario veo.
CAPITÁN: Malograré su deseo,
me vengaré del traidor.

Sale el Duque. Acompañamiento al son de cajas

EMPERADOR: A recibirle llegad
hijos, por mí.
REY: Bien haremos,
pues más favor le debemos.

Salen el Duque, Tersa y Cordón

DUQUE: Tu Cesárea Majestad
me dé los pies.[147]
EMPERADOR: Duque amigo,
del sitial he de bajarme,
llegad, llegad, abrazadme[148],
que con vos del enemigo
las sinrazones no temo.
DUQUE: Señor.
EMPERADOR: No hay que replicar.
DUQUE: Siempre me sabéis honrar

146 El Capitán ya es consciente de que el Mariscal también pretende casarse con Isabela y de que éste cuenta con el apoyo de Wallenstein.

147 Después de oír las palabras del Duque en la escena anterior, el espectador es consciente de las intenciones del personaje por lo que su comportamiento nos lo muestra como una persona calculadora que espera su momento para derrocar al emperador. *Dar los pies* y *besar los pies* son formulas comunes de reverencia usada por un vasallo hacia un rey o emperador.

148 El Emperador agradece al Duque su labor pidiéndole que le abrace.

con no merecido extremo,
vuestras Altezas me den
sus reales pies.[149]
Rey: Abrazos
os previenen ya mis brazos.
Reina Los míos Duque, también.[150]
Duque: El cielo os guarde señores,
como desea mi pecho,
muchos favores me han hecho,
más no estimo sus favores.
Emperador: El Capitán me ha contado
del de Suecia la muerte.
Rey: De tan venturosa suerte
a vos se os debe el cuidado,
y así por tan nueva hazaña
que os ha de premiar es llano
el gran Filipe mi hermano,
Quarto Planeta de España.[151]
Duque: Señor, aunque le[152] envié,
quise en persona avisarte.
Emperador: De vos católico Marte[153]
nunca menos esperé.
Rey: Veréis cómo mi persona,
Duque, vuestros hechos premia,
vuestra de Hungría y Bohemia
será la augusta corona.

---

149 El Duque vuelve a repetir su servilismo hacia el emperador con el rey.

150 No cabe duda de que los reyes están muy agradecidos al Duque por su labor y resultados en el campo de batalla.

151 El rey de Hungría, Fernando III, al estar casado con la reina María Ana de España, hija de Felipe III, era cuñado, o hermano político, de Felipe IV.

152 El pronombre *le* se refiere al Capitán de Bros.

153 El Duque es presentado como el *católico Marte* ya que Wallenstein, como Marte (Dios de la guerra), se distingue por su excelencia en el campo de batalla en defensa del Catolicismo en Europa durante la Guerra de los Treinta Años.

Duque: (Eso pretendo, si el hado
no estorba mi pretensión)[154]
Emperador: Vuestros mis estados son,
no os dé, General, cuidado,
que aunque alguno ha pretendido
derribar nuestra amistad,
nunca de vuestra lealtad
traición mi pecho ha creído,
como creerlo, es locura
el pensarlo solamente.[155]
Duque: Imaginación detente,
y asegurarte procura,
siempre la envidia desea
a la fama oscurecer.
Emperador: Bien se echa Duque de ver,
no, no temáis que lo crea.
Duque: Como nos ampare España,
bastamos, señor, los dos
contra el mundo.
Emperador: Bastáis vos,
y aún nos sobra mucha hazaña.
Duque: Con favor tan singular
vuelvo a Leusi, por si acaso
sale el enemigo al paso
segunda vez[156].
Emperador: Descansar
será justo.

154 Los autores juegan con la posesión figurada, señalada por el Rey de Hungría en señal de agradecimiento, contrastándola con las intenciones de Wallenstein.

155 De nuevo, el Emperador hace alusión a los rumores de conspiración de Wallenstein.

156 *Segunda vez:* «por segunda vez».

Duque: No señor,
la campaña es mi sosiego.[157]
Emperador: Pues yo con mis hijos luego
al cielo por el favor
en el templo arrodillado
daré gracias, id con Dios,
que así Duque entre los dos
partiremos el cuidado.
Y a los nobles coroneles
daré el premio merecido.
Cordón: Con verte premiado he sido.
Capitán: De la fama los laureles
rinda a tus pies la fortuna.
Mariscal: Guarde el cielo tu persona,
porque viva tu Corona
sin envidia de ninguna.
Duque: Suene el parche militar.
Reina El pacífico instrumento
vuelva a ligerar el viento.
Rey: ¡Viva Alemania!
Reina A pesar
de todos los rebelados.[158]
Rey: Adiós General, adiós.
Duque: El cielo guarde a los dos.
Reina Mueran los confederados.

---

157 Después de Lützen, Wallenstein siguió luchando y liderando el ejército imperial consiguiendo su última victoria en la batalla de Steinau en 1633. Sin embargo, en la obra no se alude a dicha batalla ni a ningún otro tipo de enfrentamiento bélico en el que participara el Duque después de Lützen.

158 Por *rebelados*, la Reina no se está refiriendo a personajes que, como el Duque o el Mariscal, amenazan la estabilidad del Imperio desde dentro sino a todas aquellas naciones que amenazaban el Catolicismo en la Europa de comienzos del siglo XVII.

Duque: Por esta beldad[159] extraña
mudar[160] quisiera intención,
que me dan veneración
todas las cosas de España.[161]

159 *Beldad*: «Hermosura».

160 *Mudar*: «Cambiar».

161 Al final de este primer acto, el Duque muestra dudas sobre si llevar a cabo su plan de derrocamiento del emperador al final del acto debido a la enorme lealtad que siempre ha mostrado hacia su figura.

Jornada Segunda

Salen Isabela y Laureta con mascarillas[162] y el Capitán de Bros y Roberto.

Capitán: Decid hermosa deidad,[163]
¿cuándo fue justa nobleza
ver en sombras la belleza,
y entre nieblas la beldad?[164]
Decid gentil cortesana,
¿cuándo es más lúcido el fruto
del Sol? ¿En tumbas de luto
o en pabellones de grana?[165]
La rosa, ¿cuándo en sus finas
hojas más al gusto agrada?
¿Entre las manos tratada
o grave entre las espinas?[166]
La sombra, pues, se desate,
la niebla, pues, se consuma,
y águila de osada pluma
mi vista en vos se dilate.

---

162 Máscaras. Ambas mujeres ocultan su identidad.

163 La *hermosa deidad* es Isabela. La relación entre el Capitán e Isabela se intuía ya en el acto-jornada anterior.

164 El manuscrito original carece del signo interrogativo de inicio de pregunta por lo que suponemos que debería ir antes de la partícula interrogativa «cuando». Lo mismo sucede en el resto de la obra por lo que queda a juicio del editor donde situar el signo de apertura de interrogación en todas las preguntas que aparecen en la obra.

165 *Pabellones de grana*: «conjunto de semillas para producir trigo, lino, cáñamo y otras hierbas» (*Aut.* 1737).

166 Puede hacer referencia al carácter ambivalente de la rosa: aunque es hermosa y huele bien, es capaz de cortar con sus espinas.

Que el ver será en mi cuidado
bien merecido atributo,
libre de espinas, y luto,
rosa bella y sol dorado.
Porque si vos sois aquella
que mi corazón adora,
en vos el cielo atesora,
sol dorado, rosa bella.

Isabela: Caballero con negaros
el rostro, que yo rehuso,
con en eso en parte me excuso,
la vergüenza de buscaros.
Por veros vengo, y mi amor
quiere en mi empresa lo dice,
ya que mi afecto os lo dice,
que os lo calle mi color.

Roberto: Y ella respóndame agora.

Laureta: Yo quiero disimular,
y darle agora a tragar
a este que soy señora.

Roberto: ¿Es acaso algún albor
del crepúsculo del día,
o esplendor, que el alba cría
en su luciente obrador?

Laureta: Dios te entienda.[167]

Roberto: ¿O es acaso
algún planeta encubierto
entre nieblas?

Laureta: No por cierto.

---

167 «No te entiendo». Roberto imita el discurso poético elaborado del Capitán con Isabela y Laureta parece no entenderlo y responde de modo cómico.

Salen Morolludo y el Mariscal

Morolludo: Digo que la vi, señor,
por señas, que a mi pesar
siempre que la voy a ver,
en diciendo en mi mujer,
jamás me pudo engañar.
Mariscal: Allí está.
Morolludo: Yo juro a Dios,
que está hablando con Roberto
Lauretilla, ay, honor muerto.
Mariscal: Rabio de celos.[168]
Morolludo: ¿Y yo?
Mariscal: Darele la muerte.[169]
Morolludo: No,
aprende de mi paciencia.
Roberto: Pues dígame, en qué repara,
¿no se descubrirá agora,
cubiertísima señora?
Laureta: Veme aquí toda la cara.
Morolludo: Se descubrió por los cielos,
ah infame, aquí pagarás.
Laureta: Morolludo, no haya más.
Morolludo: Tengo honor, y tengo celos.
Roberto: ¿Qué importa que tenga honor,
ni celos, si aquella daga
le hará a el villano que haga?
Morolludo: Tate, si v.m.[170] señor
lo lleva, por cortesía,
no hay que hablar de ser ingrato,

---

168 Los autores crean tres grupos en el esquema amoroso de la obra. El Capitán y Roberto, por un lado, y el Mariscal y Morolludo, por el otro, luchan por el amor de Isabela y Laureta.

169 *Darele la muerte*: «le daré la muerte».

170 *V.m.*: «Vuestra merced».

que me cautiva un buen trato,
que vanidad es la mía.
Isabela: Supuesto que ya sabéis
quien soy y descubrirme quiero.

Al quitarse la mascarilla se le cae y la levanta a un tiempo el Mariscal y el Capit

Capitán: Y yo serviros espero
los favores que me hacéis.
Isabela: Veisme[171] aquí, pero ¡ay de mí!
Mariscal: Soltad.
Capitán: Soltad.
Mariscal: Eso no.
Capitán: Mi valor lo mereció.
Mariscal: Yo por él[172] la merecí,
mía será.
Capitán: No será,
que de capricho, o de amor
siempre doy cuenta mejor
de lo que en mi mano está.
Isabela: ¡Qué desdicha!
Morolludo: ¿Qué les va
en esto a estos majaderos?
Mariscal: ¿Quién lo ha de ver?
Capitán: Los aceros.[173]
Mariscal: ¿Qué os anima?
Capitán: Mi valor.
Mariscal: Tengo celos.
Capitán: Tengo amor.
Mariscal: Dejad.

171 *Veisme*: «Me veis».
172 *Por él*: «por el valor». Tanto el Capitán como el Mariscal lucharon con Wallenstein.
173 *Aceros*: «espadas».

Capitán: Dejad.

Salen el Duque y Cordón

Duque: Caballeros,
con libres voces ufanos
cada cual tan descompuesto,
junto a mi tienda, ¿qué es esto?

Deja la mascarilla

Fiad la empresa a mis manos,
ociosa acción fuera agora,
de mi enojo, o mi advertencia,
preguntar la competencia,
estando aquí vos señora.
Y así supuesto que veo
en mis manos la ocasión,
decid quién con más razón
merecerá este trofeo.[174]
Isabela: Señor.
Mariscal: Perdí la esperanza.
Capitán: Seguro tengo el favor,
que su firmeza, y mi amor
alienta mi confianza.
Isabela: Si digo que a el Capitán
se la dé [175], es hacer odioso
con señor tan poderoso
a mi adorado galán
porque es su mayor amigo

---

174 *Quién... merecerá este trofeo*: A quién le dará la mano Isabela, al Capitán o al Mariscal.

175 *Se la dé*: «se la doy/daré»

el Mariscal, ya esta acción,
pues no va mi corazón,
mi celo vaya conmigo.
Perdone mi fe constante,
que ha de ser en lo que trata
la mayor prueba de ingrata,
mayor fineza de amante.
Yo dejaré satisfecho
después su inquieto cuidado.[176]

Duque: ¿Qué me respondéis?
Isabela: Que ha hallado
señor lugar en mi pecho,
tan bien sentido mi mal,
tanto sufrido desdén,
y tantas partes también
(¡ay de mí!) del Mariscal.
Capitán: ¿Qué es lo que escucho?
Isabela: Y así
puede su Alteza.
Capitán: ¡Ah cruel!
Isabela: Hacer ya cuidado en él
el que fue descuido en mí.
Mariscal: Dichas[177], llegad poco a poco.
Capitán: Llegad aprisa tormento.
Mariscal: Loco me tiene el contento.
Capitán: El pesar me tiene loco.[178]
Duque: Yo cumplí vuestra elección.
Isabela: Muerta estoy, ¡ah miedo injusto!,
que aún no esté la ley gusto

176 Estas palabras suponen el comienzo del plan de Isabela mediante el que fingirá amor hacia el Mariscal para evitar represalias del Duque hacia el Capitán, su verdadero amor.

177 *Dichas*: «Buenas noticias».

178 Los autores continúan construyendo una relación dicotómica en torno al Capitán y al Mariscal en la que la misma acción tiene un efecto contrapuesto en los dos.

libre de tan vil pensión.

Dándole la mascarilla

Duque: Estimadla, porque así
satisfaréis Mariscal
un noble, un amor leal
en Isabela y en mí.
Capitán: Mire señor V. alteza.
Duque: Capitán, ya os considero
celoso, impaciente, y quiero
satisfacer la grandeza
de pasiones que os oprimen
del fuego, que en rubia hoguera
creció artificial esfera
en mudas cenizas gimen.[179]
La tierra que se descubre
guirnalda que Abril corona,
que presto la desazona
la destemplanza de Octubre.[180]
Raudal que la orilla azota
en crespo, en undoso río,
temporal bomba el estío
le mengua si no le agota.
El viento en fin que pretende
al son de ronca bocina
azotar la verde encina
superior causa le prende.
Que entre todas sola una
con presurada esperanza

179 Para el Duque el Capitán no tenía ninguna posibilidad para conseguir la mano de Isabela. De este modo, está describiendo su poder al favorecer a su colaborador.

180 Metáfora del nacimiento de la primavera y el decaimiento otoñal mediante la cual el Duque simboliza el carácter fugaz de la pasión del Capitán hacia Isabela.

ignorará la venganza
y esta ha de ser mi fortuna.
Capitán: Nada mi dolor mitiga.
Isabela: Mi pecho juzga fiel.[181]
Capitán: ¡Ay, Isabela cruel!
Isabela: ¡Ay, dueño mío!
Capitán: ¡Ay, enemiga!
Isabela: Presto sabrás mi fineza.
Capitán: Que otro fue a su vida afable.
Isabela: ¡Ay, prenda mía!
Capitán: ¡Ay, mudable!
Isabela: Guarde el cielo a V. alteza.
Duque: Guardeos Dios.[182]
Capitán: Yo desespero.
Duque: Solos habemos quedado[183],
y en amorosos extremos
divertidos aun no habemos
de lo que importa tratado.
Dejando esta acción aparte
agora tan mal usada
cuando a manejar la espada
está voceando Marte.[184]
Parece que mi cuidado
cohechando esta ocasión,
para oír mi pretensión
a todos ha juntado.
Deciros que en varios modos
os he prevenido ya,
pero pues tan cerca está
mi tienda[185], seguidme todos.

---

181 Ambos personajes están hablando y mostrando su reacción a la acción anterior pero sin escucharse el uno al otro.
182 *Guardeos Dios*: «Que Dios os guarde».
183 *Habemos quedado*: «hemos quedado».
184 *Está voceando Marte*: «Marte llama a la guerra».

Y advertid, porque el castigo
no extrañe el que no lo fuere
cuando en sí mismo le viere
que no entre quien no es mi amigo.[186]

Cordón: ¿Quién que yo lo soy ignora?
Mariscal: El pecho a tus pies pondré.
Capitán: Yo la vida.
Coronel: Yo la fe.
Duque: Pues entrad todos agora,

Entran

si es lo que yo he presumido.
Mariscal: Mi dicha hoy se engrandece.
Coronel: Para alta empresa parece
que el Frislán[187] ha prevenido.
Conde: Para ayudar su poder
es mi dueño, y soy su amigo.
Capitán: Vaya mi lealtad conmigo,
que bien la habré menester.
Duque: Entrad con silencio.
Mariscal: Aquí
a tus órdenes me tienes.
Coronel: Di, ¿para qué nos previenes?[188]
Conde: ¿Para qué nos llamas? Di.
Capitán: Ya tus intentos espero.

Entra el Duque y mientras van entrando van diciendo lo siguiente:

---

185 Tienda de campaña.

186 Al emitir este último verso sabemos que el Duque sospecha algo entre sus colaboradores.

187 Wallenstein era el duque de Friedland por lo que, de nuevo, los autores españolizan el nombre extranjero convirtiéndolo en *Frislán*.

188 *¿Para qué nos previenes?*: «¿Para qué quieres vernos?»

Duque: Pues atentos escuchad
mi empresa, pero aguardad,
que cerrar la tienda quiero,
ya lo está, y en todo empeño
decís que sois mis amigos.
Mariscal: Yo hago de mi fe testigos,
ser tu hechura y ser tu dueño.
Coronel: (Ya mi amistad acredito
con lo que hemos profesado
con esto sé su cuidado,
sea lealtad o sea delito).[189]
Conde: Con la fe que te he entregado
informaré tu desvelo.
Capitán: De mí, ni el primer recelo
no perturbe tu cuidado.
Duque: ¿Sabéis quien soy?
Coronel: Yo he sabido
que eres un rayo animado
del sol de Austria fulminado
y contra el norte esgrimido.
Capitán: Yo por lo que es respetada
que partió Aquiles no dudo
los trofeos de escudo
con los triunfos de su espada.
Mariscal: Y yo, por cierto misterio
infiero de tu fortuna,
que a no ser tú la columna
caducara aqueste imperio.
Conde: Y yo que el verlo me abona,
sé que en romanas campañas

189 El Coronel mantiene su fingida adhesión a las ideas de Wallenstein para poder saber qué está tramando, *sea lealtad o sea delito*.

otras con menos hazañas
consiguieron la de Roma.
DUQUE: Todo es verdad, pero intento,
aunque lo sabéis, deciros
quién soy para persuadiros
a mi heroico pensamiento.
CONDE: Sello a mi labio le pones.
CAPITÁN: Yo ser de mármol pretendo.
CORDÓN: Yo te escucho.
MARISCAL: Yo te atiendo.
DUQUE: Pues escucha mis blasones.[190]
Bohemia provincia ilustre,
que es de los siete triones,[191]
de montes, pueblos y plantas,
esfera pendiente inmóvil,
es mi patria quien la selva
Ercinia[192] en diversos bosques
ciñe en forma de muralla.
Escuela en un tiempo adonde
se leyó la magia, siendo
verdes cátedras los robles,
donde al conjuro las fieras,
donde al encanto los hombres,
y donde a la voz las aves
acudían tan conformes,

---

190 Así da comienzo al parlamento más largo de la obra en el que se explican con detalle los orígenes y recorrido del Duque.

191 *Los siete triones* : «septentrión». Los autores usan la forma «siete triones» para referirse al Norte o zona septentrional, el lugar en el que se encuentra Bohemia. Los siete triones, literalmente «siete bueyes» en latin, era la denominación con que los romanos conocían a las siete estrellas que conforman la cola y las piernas de la Osa Mayor. Antiguamente, se creía que los siete bueyes tiraban de la esfera celeste para hacerla girar sobre el eje que pasa por la Estrella Polar.

192 Se refiere al bosque Hercínico, en latín Hercynia Silva (de ahí «selva Ercinia»), que es una zona montañosa y boscosa de la antigua Germania que los romanos localizaban entre Bohemia y Hungría.

que a encanto, voz y conjuro
camina, vuela y responde
el hombre, el ave y la fiera,
atento, veloz y dócil.
Esta selva inculta pues,
de prodigios y horrores,
segunda madre a mi infancia,
porque sus hijos me informen
el denuedo y la fiereza,
segunda vez concibiome
en las robustas entrañas
de sus espantosos montes.
De noble padre heredado[193]
es mi valor, aunque noble,
de su estimación los rayos
en cobardes resplandores
no lucieron encogidos
entre las nieblas de pobre,
ya peregrino del mundo,
por breves pasos informe.
Por la senda de mi edad
iba caminando torpe,
hasta el norte del discurso,
cuyos sutiles ardores,
en mortal imán el alma,
o los bebe o los recoge.
Y en fin ya esfera mi pecho,
de ardientes respiraciones,
se juzgaban con aliento
estrechósamente[194] el orbe.

---

193 Su padre era Wilhelm Wallenstein y fue también militar y jefe de la casa noble de Wallenstein, familia noble de la región de Bohemia, aunque no constan muchos datos de su vida.

194 Estrechamente.

La fama, que a pocos años
en las opuestas regiones,
a tan distantes oídos
hizo atender a mi nombre,
que eran a mi edad florida
tan atentos los verdores,
que temblaba en la prudencia
los ardimientos de joven.[195]
Ya el César[196], que los efectos
que mi espada reconoce[197]
de tenerme grato hacía
pródigas demostraciones.[198]
Príncipe de Bolestán
fue el primer título noble
que ilustró con la esperanza
de mi solar los blasones.
Quieté[199] la inferior Alsacia
que de algunos electores
movida contra el Imperio
alzaba sus escuadrones.
Desposeí al Palatino[200]
del Rin, cuyo pecho enorme
desterrado de Viena,
halló patrocinio en Londres.[201]

---

195 Referencia al periodo en que se formó como soldado y al ímpetu juvenil que fue puliendo con el tiempo.

196 *El César*: «El Emperador».

197 El Emperador reconocía lo conseguido por Wallenstein en el campo de batalla.

198 Wallenstein fue condecorado en numerosas ocasiones a manos del Emperador.

199 Pacifiqué.

200 Palatino: «Conde, Príncipe y Potentado de Alemania. Condes Palatinos, ciertas dignidades por privilegios del Papa a los cuales se les concedían muchos indultos y gracias como era poder dar títulos de Licenciados y Doctores» (*Cov.* II.130r).

201 Hace referencia a la ayuda que los ingleses prestaban a las naciones protestantes en su lucha contra el Imperio.

Corté al rey de Dinamarca
las alas, que en vuelo torpe
a par del Águila de Austria,
se atrevió a los resplandores
del Sol,[202] más fue Bahari,
que en batidas sumisiones
tributó al Águila en plumas
cuanto la hurtó presunciones.[203]
Y a Frislán en Lucemburque[204]
por su Duque me conocen,
y a Golgrave e Isagan[205],
que también mías se nombren.
Mas la envidia, que al abrigo
del ocio infame se acoge
a fraguar viles defectos
y en las más puras acciones
su diente armó venenoso
contra mi fama, creyoles
Fernando, y en mengua mía

202 El Rey Cristián IV de Dinamarca intentó frenar el avance del imperio católico y luchó contra un ejército liderado, por ausencia de Wallenstein, por el Conde Tilly en la batalla de Lutter el 27 de agosto de 1626 siendo derrotado y sufriendo más de 6.000 muertes en sus filas debido, especialmente, a que las ayudas prometidas por los protestantes Inglaterra y Holanda nunca llegaron. Wallenstein y Tilly ocuparon toda la península de Jutlandia, que pertenecía a Dinamarca, en 1627, y en1628 Wallenstein consiguió una victoria decisiva ante el monarca báltico. En 1629 Wallenstein, Cristián IV y el Emperador firmaron el Tratado de Lübeck que restituía los territorios ocupados por los católicos en Dinamarca a Cristián IV a cambio de que no interviniera más en contra del Imperio durante la Guerra de los Treinta Años. De ahí procede la referencia de «cortar las alas».

203 Al tener que volverse atrás, los autores presentan la imagen de un rey de Dinamarca que se ve obligado a retractarse perdiendo sus «plumas» ante la fuerza del águila que simboliza al Emperador.

204 *Lucemburque*: «Luxemburgo», país que en la actualidad tiene fronteras con Francia, Bélgica y Alemania, y que perteneció a la Corona de España hasta 1714.

205 Territorios que pertenecían a su ducado.

206 *Los traidores* refiere al hecho de que algunos consejeros cercanos al Emperador le informaron de que Wallenstein podría estar reuniéndose con fuerzas protestantes por lo que Fernando II cesó de su cargo al Generalísimo de los ejércitos imperiales en septiembre de 1630 pasando el Conde Tilly a ocupar su puesto.

lisonjeó a los traidores.[206]
Manda que las armas deje
y no esté más a mi orden
el ejército, y deponga
el bastón a quien conoce
la injuria, que son las armas
de aquel, que el bastón depone
por causa infame, pregunto
si hay odio que no aprisione,
si habrá lealtad que no ofenda
ni habrá traición que no logre.
Ofendido me retiro,
desde entonces, desde entonces[207]
un áspid[208] mora en mi pecho,
que las entrañas me rompe,
una víbora alimenta,
cuya ponzoña[209] se esconde
en el corazón, que apenas
de insicionada[210] responde
a los latidos leales,
que pulsa mi sangre noble.
Llegó, pero,[211] la ocasión
en que aquel rayo de Iobe[212],
aquel isleño prodigio[213],
ruinas amenaza a el Orbe,

207 Desconocemos si la repetición del mismo sintagma adverbial se debe a la intención de los poetas, a un fallo de éstos o a un error tipográfico.

208 *Áspid*: «una especie de víbora cuyo veneno es tan eficaz que, si no es cortando al momento el miembro que ha mordido para que no pase al corazón, no tiene remedio» (*Cov.* I.68r)

209 *Ponzoña*: Veneno que suele afectar al corazón (*Cov.* II.145v).

210 *Apenas de insicionada*: «Una vez que ha penetrado la ponzoña».

211 *Llegó, pero*: «llegó, sin embargo».

212 *Iobe* es otro nombre para denominar al dios romano Júpiter, rey de los dioses y que es normalmente representado con un rayo al ser el Dios del cielo y de los truenos.

213 El *isleño prodigio* es Suecia y, más concretamente, su rey Gustavo Adolfo.

Gustavo Rey de Suecia[214],
sobre el mar Báltico, y sobre
el mismo viento las quillas
pesados yugos les pone:
y hasta el confín del Imperio
en armados galeones,
brumó su crespo zafír[215],
su espuma abolló salobre[216]
para atajarle los pasos,
que ya sus campañas corren
en descompasadas huellas,
que talan, queman y rompen.
Me envió a llamar el César
fuese,[217] porque reconoce
que estaba libre mi pecho
de las supuestas naciones,
o fuese porque me habían
menester sus escuadrones,
que los fueros del enojo,
la necesidad los rompe.[218]
Con nuevas honras me obliga
y porfiado del Conde
Papenain, cuya fama
vivirá en eternos bronces.
Segunda vez contra Adolfo
hace que las armas tome,
no sé si lo hizo el deseo
de vencerle, más que el orden
del César, porque esta hazaña

214 El Duque se presenta como el salvador del Imperio ante el mal que representaba Gustavo Adolfo.

215 *Zafír*: «Zafiro».

216 *Salobre*: Con sabor a sal.

217 *Fuese*: «Para que fuese».

218 Las derrotas sufridas por el ejército imperial dirigido por el conde Tilly en 1632 obligaron al Emperador a volver (tener «la necesidad») a llamar a Wallenstein para que ocupara su puesto anterior.

de más vanidad blasone,
que cuantas contra los siglos
griegas sumas atenciones,
romanos compendios guarden,
y egipcios anales honren.
La victoria ya la visteis,
dígalo el Albis que corre
tinta en sangre, cuyas ondas
son cristalinos padrones.
Cuatro veces en su imperio
por Duque me reconoce
Alemania, y por Frislán
me venera todo el orbe.[219]
Alteza me llaman todos
los príncipes superiores
de Italia las señorías,
esguízaros[220] y cantones[221].
Hasta el gran Felipe Cuarto,
bello Marte, fuerte Adonis[222],
gran maestre del Tusón[223]
el que está en mi pecho noble,
me concede desde España
laurel[224], que agora me pone

219 *El orbe*: «la tierra».

220 Suizos

221 *Cantones*: «ciertas ciudades libres de Alemania que no reconocen señor. Dicen ser veinte y dos Repúblicas» (*Cov.* I.131r)

222 Adonis, dios griego, es símbolo de juventud y belleza.

223 *Gran Maestre del Tusón*: El Toisón de Oro es una orden de caballería fundada en el siglo XV por Enrique III de Borgoña, duque de Borgoña, para celebrar su enlace matrimonial con Isabel de Avis, hija del Rey de Portugal Juan I. Desde Felipe I hasta Carlos III todos los reyes de España han sido nombrados grandes maestres del Toisón de Oro y, consecuentemente, duques de Borgoña. Felipe IV de España, que recibió el nombre de Felipe VII del ducado de Borgoña, es el gran maestre al que hace referencia Wallenstein en su parlamento.

224 El *laurel* es símbolo de la victoria y se colocaba en la cabeza de los emperadores y generales en la Roma clásica. En este caso se refiere a que Felipe IV había sugerido al Emperador que le concediera el Toisón de Oro a Wallenstein en nombre de España en 1628.

en más vanidad que cuantos
mi invicta frente coronen.
Pues ¿cómo, ¡ah fortuna ingrata!,
permites tú que se agobie
a humana planta la espalda,
que es polo a tanto horizonte?
¿Yo he de ser vasallo, yo,
siendo quien soy? En la noche
del oscuro vasallaje
se han de ocultar mis acciones.
Contra el Austria[225], contra el mundo
mis iras al arma toquen,
que soy rayo de Bohemia,
y de los reinos atroces.
He de librar mi fortuna,
si el cielo no lo interrumpe,
y he de abrasar, más ya es tiempo,
¡oh valerosos, oh nobles
caballeros!, que a mi empresa
más declarado os exhorte.
Bohemia que es patria mía,
regio dosel[226] me dispone,
augusta silla[227] me ofrece
en Praga su ilustre Corte:
a Rey me inclina mi estrella,
¿quién cómo yo la conoce?
¿quién alta fortuna aspira?[228]
La misma fortuna postre[229].
Ea, amigos valerosos,
nobles de las invasiones,

225 *El Austria*: «El Emperador Fernando II»
226 *Dosel*: «la cortina con su cielo que ponen a los Reyes» (*Cov.* I.221v)
227 *Augusta silla*: trono del emperador.
228 *¿Quién alta fortuna aspira?*: «¿Quién a alta fortuna aspira?»
229 *La misma fortuna postre*: «la misma fortuna se postre».

sacudid las alas libres,
soltad las pihuelas[230] torpes,
porque la fama os aclame,
porque viva vuestro nombre,
porque en láminas se escriba
porque se eternice en bronce,
porque me tema Alemania,
porque mi empresa se logre,
y porque a pesar del mundo,
de envidiosos y traidores
ostentando mi valor
en Bohemia me corone.[231]

Mariscal: Lo que responder me toca
es, señor, que de mi pecho
ninguna acción es mía,
que no sea vuestra primero.[232]

Conde: Y yo respondo, señor,
tan de parte del empeño
que hasta morir estará
a vuestro lado mi acero[233].

Coronel: Y yo con vuestra licencia,
respondo, señor, si puedo
persuadir a vuestra Alteza
antes que al riesgo al empeño
que es temeraria la empresa,
la razón es, porque siendo
la Cesárea Majestad
del Emperador mi dueño,

---

230 Pihuelas: «cuerdas con que se guarnecen y aseguran los pies de los halcones y otras aves» (DRAE). De ahí que se hable, en el verso anterior, de «sacudir las alas libres» después de haber sido liberados de las pihuelas.

231 El parlamento de 206 versos termina pidiendo ayuda a sus oficiales para llevar a cabo la conspiración y prometiéndoles fama y poder en caso de que se corone rey de Bohemia.

232 «Todo lo que me digas haré». El Mariscal presenta su completa disposición a las órdenes del Duque.

233 *Mi acero*: «Mi espada».

príncipe amable, y tan justo,
yo por ningún caso apruebo
irritarle.

Duque: Tente, espera,
yo por ventura no puedo
con mi gente resistir
mayor impulso, y ¿no tengo
ejércitos de volcanes
en la campaña del pecho?

Capitán: El teniente coronel
propone, señor, tan cuerdo,
que yo prosigo que es mal
irritarle, que si el cielo
siendo justo, si ofendido
de humanos atrevimientos,
perdona tal vez algunos
contra aquellos, contra aquellos
que en rebeldes osadías
sus luces violar quisieron,
¿qué incendios no fulminó
el emperador mi dueño?
Es deidad, humano tema
del de Austria sus incendios.[234]

Mariscal: El capitán, claro está
que contradice el intento
por mí, que estoy de tu parte.

Conde: O como todos tenemos,
él también acaso tiene
envidia al atrevimiento.[235]

Capitán: Disimularme conviene.

---

234 El Capitán representa al emperador como un dios al que los humanos tienen que respetar y temer.

235 El Conde insinúa que el Capitán no es lo suficientemente valiente como para estar al lado del Duque en su intento de golpe de estado.

Coronel: Lealtades disimulemos.[236]
Capitán: Ni es envidia, ni es por vos
Mariscal lo que he propuesto,
prevención ha sido mía,
mas no excusar el empeño
y porque veáis que soy
(¡oh, válgame mi deseo!)
quien primero a vuestra Alteza,
sino le dispone al riesgo,
le ayuda en él, esta espada
en servicio suyo ofrezco
contra el mundo, y corra quien
Águila infame, al lucero
de Austria, torciendo la vista
discurra en bastardo vuelo
de la vanidad soberbia
los nunca seguros vientos.
Duque: Esa es osadía noble.
Capitán: Esto es hacer lo que debo.[237]
Duque: Sois valiente.
Capitán: Soy leal,
que es de lo que más me precio.
Duque: Vos castellano de Argoria[238]
valiente Cordón.
Coronel: Ah, cielos
de aleves, señor, agora
vestid mis nobles afectos.
Duque: ¿Qué suspensión os detiene?

---

236 Tanto el Capitán como el Coronel son los dos oficiales que no están de acuerdo en lo planteado por el Duque pero se ven obligado a fingir (»disimular») su adhesión.

237 El Capitán, en principio, debe seguir las órdenes de su superior, el General Wallenstein. Aunque, en este caso, es para destronar al Emperador, el Capitán prefiere disimular.

238 *Argovia*, cantón suizo cuya capital es Aarau. La región perteneció a los Austria desde mediados del siglo XIII hasta 1415 por lo que la influencia de los Habsburgo era todavía muy fuerte a comienzos del siglo XVII.

Basta ya, basta el haberos
mirado en ello prudente,
ha sido vuestro consejo,
yo os lo confieso, mas yo
temeridades emprendo;
valor tenéis, y vos solo
sois el móvil de mi intento,
pues con entregarme vos
el Castillo, mas no quiero
pudiendo obrar la amenaza,
desairarme con el ruego.

Coronel: Ya os digo, que en mi edad fría
arde tan altivo aliento,
que en mis designios agora
culpo el tardar emprenderlos.
Yo te entregaré la plaza
de Egra que es el asiento
de las armas de Bohemia[239],
prosigue, gran Duque, luego,
fiando en mí como amigo,
tus heroicos pensamientos:[240]
(perdona, oh Fernando[241], el labio,
que a ti te lo dice el pecho).

Duque: Pues marche a Egra la gente,
id Capitán, y al momento
con las tropas de Galaso[242]
os juntad, pues le tenemos
acuartelado tan cerca:
id a decirle mis intentos.

Mariscal: Tuya es mi vida.

---

239 *Asiento de las armas de Bohemia*: Cordón está al mando de la provincia de Egra y le cede su castillo para que el Duque pueda permanecer allí. Es el comienzo del plan para asesinar a Wallenstein.

240 Al ganarse la confianza del Duque, comienza su plan.

241 El Emperador Fernando II.

242 Gallas.

Coronel: Y la mía.
Conde: Tuya es mi acción.
Capitán: Y mi pecho.
Mariscal: Solo tus ordenes sigo.
Coronel: A tu ley solo obedezco.
Conde: Solo a tu mandato asisto.
Capitán: A tu arbitrio solo atiendo.
Duque: Pues si a vosotros, que sois
cuatro basas[243] de este imperio,
valientes parciales míos,
hurto a sus fijos cimientos,
tema la fábrica de Austria,
que no caduque su poso:
¿juráisme todos agora
de ayudarme?[244]
Todos: Sí, juramos.
Duque: Pues válganos el secreto,
hasta la ocasión adonde
se califique el esfuerzo:
y todos pues ya decís,
que soy vuestro altivo dueño,
como a tal obedeced
mis siempre heroicos preceptos.
Capitán: ¡Qué soberbia![245]
Mariscal: ¡Qué valor!
Capitán: La Majestad es tu centro.[246]
Coronel: El ser Rey es natural
en ti y lo demás violento.
Conde: El real semblante lo diga.[247]

---

243 La *basa* es la peana o sustento de una columna. Los cuatro oficiales de Wallenstein son sustentos sobre los que se mantiene la fuerza del Imperio.

244 *¿Juraisme todos agora de ayudarme?*: «¿Me juráis ahora todos que me ayudaréis?»

245 *Soberbia* se utiliza aquí con el sentido de «grandeza».

246 «Ser monarca es tu lugar natural».

247 *El real semblante lo diga*: «Tiene cara de rey».

MARISCAL: Dígalo el mirar severo.
TODOS: Viva el Duque de Frislán.
DUQUE: Amigos, yo os lo agradezco.
CORONEL: (Capitán, aquí os aguardo).
CAPITÁN: Cordón, veámonos luego.

Entra el Duque muy arrogante, y todos haciéndole muchas reverencias. Sale Isab

ISABELA: Por este sitio por fuerza
ha de pasar a su tercio
el Capitán, pero él sale,
ayude el amor mi pecho.

Sale el Capitán

CAPITÁN: En alas de mi lealtad
voy a dar cuenta al momento
a Galaso, no ejecute
el Frislán mi pensamiento.
ISABELA: Teneos señor Capitán.
CAPITÁN: Señora Isabela, el tiempo
no me permite.
ISABELA: Estaréis
muy enojado, o muy ciego.
CAPITÁN: El trazar los desengaños
son ceguedades del tiempo.[248]
ISABELA: Pues cuando yo os esperaba
para deciros...
CAPITÁN: No puedo
detenerme, perdonadme

248 El Capitán piensa todavía que Isabela está enamorada del Mariscal.

señora mía, yo os creo
cuanto me podéis decir.

Isabela: Advertid que los desprecios
se pasan a grosería,
no escuchando, o no atendiendo
airosas satisfacciones
de un noble, un amante pecho.

Capitán: Qué puedo hacer, que si aora[249]
en oírla me detengo,
no cumplo el orden[250] del Duque
y aunque es tirano le debo
obedecer hasta cuando
deponga el bastón excelso[251]:
y también si marcha al campo
no podrá Galaso a tiempo
disponer el avisar
al César, ¡válgame el cielo!
que un punto me dan guerra
el desengaño y mis celos
y el ardimiento en mi honor:
mas primero a mi honor debo
acudir, perdone agora
Isabela, y mi deseo,
adiós, adiós.

Isabela: ¿No me escuchas?

Capitán: ¿Qué he de escuchar?

Isabela: Mis afectos.

Capitán: No te creo.

249 «Aora» y «agora» se usaban indistintamente en la primera mitad del siglo XVII para señalar el actual «ahora». El mejor ejemplo es este parlamento del Capitán en el que usa ambos aunque fuese más habitual «agora».

250 «Orden» podía llevar entonces, también y como en este caso, el género masculino con el significado de «mandato que se debe obedecer» (DRAE). Hoy en día solo se usa la forma femenina para expresar dicho significado.

251 *Deponga el bastón excelso*: «derroque al emperador».

Isabela: Yo te adoro.
Capitán: Es engaño.
Isabela: Eres mi dueño.
Capitán: No me detengas.
Isabela: Escucha.
Capitán: ¿Son finezas?
Isabela: Son desprecios.
Capitán: Míos,
¡ah, ingrata!
Isabela: ¡Ah, mudable![252]
Capitán: Vénguenme de ti los cielos.

Se van y sale el Coronel Cordón

Coronel: Por si espera el Capitán,
en este sitio le aguardo.

Sale el Capitán

Capitán: Por si Cordón me esperaba
vengo a buscarle volando.
Coronel: Sí, es aquel.
Capitán: Aquel será.
Coronel: Yo le hablo.
Capitán: Yo le hablo.
Coronel: ¿Sois vos?
Capitán: Yo soy.
Coronel: Pues seguidme.
Capitán: Ya estamos bien apartados,
decidme lo que queréis,

---

252 *Mudable*: Inconstante, que cambia rápidamente de opinión o parecer.

porque también yo me enfado
de la dilación, que tengo,
Coronel, mucho que hablaros.
CORONEL: Saber agora pretendo,
con qué intención ha aprobado
la infame empresa del Duque.
CAPITÁN: Saber pretendo arrojado,
porque aprobó del Frislán
los intentos temerarios.
CORONEL: Señor Capitán, los nobles.
CAPITÁN: Señor Cordón, los ancianos.
CORONEL: No se arrojan atrevidos.
CAPITÁN: No se arrojan temerarios.
CORONEL: A ofender.
CAPITÁN: A deslizar.
CORONEL: Acabe ya mi recato,
vos aprobáis una infamia,
siendo quien sois, no mirando,
que al César, que el cielo guarde,
debéis tan honrosos cargos:
vos siendo noble.
CAPITÁN: Esperad,
si es preveniros bizarro[253],
señor Cordón, presumiendo,
que atajáis con eso en algo
mi reprehensión, no importa,
leal soy y libre hablo.
Y dejando agora aparte
mi lealtad, culpada en vano,
os acuso con vos mismo,

---

253 *Bizarro*: valiente, gallardo, generoso.

de vos, porque de un tirano
a infames e infieles riesgos
os arrojáis temerario:
y porque vos.[254]
Coronel: Deteneos,
esto fue porque irritado
no atropellase el Frislán
con todo, y el fomentarlo
fue hacer la empresa del César,
y en mí fue razón de estado.[255]
Capitán: Pues ¿por qué habéis de pensar,
que siendo yo tan honrado
como vos no hice lo mismo,
con ese mismo cuidado?[256]
Coronel: ¡Oh, valiente caballero!
Capitán: ¡Oh, gobernador bizarro!

Sale el Duque embozado con un capote de campaña. Hablan aparte.

Duque: Cada noche la campaña
visito, y después que ando
peleando en mis discursos
con invencibles cuidados,
no duermo, por esta tierra
las tropas van ya pasando,
destruyendo esos países,
el socorro a los soldados:
esas tierras imperiales
tributan, que así deshago
algunas fuerzas al César,

---

254 El discurso del Capitán es interrumpido por el Coronel.
255 *En mí fue razón de estado*: Mi principal interés es salvar el estado.
256 El Capitán y el Coronel, fieles al emperador, desconocen las intenciones del otro aunque ambos tienen un fin compartido.

pues si la guerra[257] dilato,
que es lo que agora pretendo,
y en su dilación los gasto,
¿con qué me ha de hacer guerra
a mí sin fuerzas quedando?
Porque mal tan oprimidos
socorrerán los vasallos.

Coronel: Por el César moriremos,
vida y honor arriesgando.

Duque: Allí dos hombres escucho[258],
que dicen[259] triste presagio,
que morirán por el César,
vida y honor arriesgando:
¿quiénes serán?

Capitán: Solo él merece
ser dueño de los aplausos.

Duque: Solo yo quien lo merece
soy a pesar de los hados,
aunque los oigo no puedo
como platican tan paso[260]
conocerlos.

Coronel: Cordón muera
si fuere traidor vasallo.[261]

Capitán: Y si el Capitán lo fuere
también muera hecho pedazos.

Duque: Eso no, porque se amparan
a la sombra de mi brazo,
y son leales amigos.

Capitán: Y sus viles aliados,

---

257 *La guerra* es la Guerra de los Treinta Años.

258 El Coronel y el Capitán hablan alejados del Duque sin que éste pueda verlos.

259 *Dicen*: «Anuncian».

260 *Como platican tan paso*: «como hablan tan bajo».

261 *Traidor vasallo*: «traidor al Emperador».

el Conde y el Mariscal
mueran.
Duque: Si yo los amparo
en vano vuestras traiciones
ejecutareis villanos:
¿quiénes serán? ¡Válgame el cielo!
Coronel: Pues dadme agora la mano.
Capitán: Vesla aquí.[262]
Coronel: Puesta de esta suerte
prometemos y juramos
de dar la muerte al Frislán.[263]
Duque: ¿Qué es lo que estoy escuchando?
Más vengareme en sus vidas[264],
volviendo a mirar si acaso
alguna celada armada
contra mí discurre el campo,
y en asegurando aquesto
volveré luego a matarlos.

Entra y salen el Conde y el Mariscal

Mariscal: Tras el Duque General,
que anda visitando el campo,
sin que lo sepa venimos.
Capitán: Dos hombres, si no me engaño,
he visto hacia aquella parte
encubiertos de los ramos,
lo que trataren oiremos.
Coronel: Y no oirán lo que tratamos.

262 «Aquí la veis», «aquí la tenéis».
263 En ningún momento el Duque ha reconocido a los que hablan aunque sí ha escuchado lo que se decían.
264 *Vengareme en sus vidas*: «Me vengaré matándoles».

Se retiran a un lado del tablado y van llegando poco a poco adonde ellos estaban.

Conde: Pero su invicta persona
seguimos tan a lo largo,
que ya le habemos perdido[265].
Mariscal: Guie el acierto sus pasos.

Sale el Duque cuando han acabado de llegar.

Duque: No hay nadie, volver pretendo
donde dejé a mis contrarios,
a que castigue mi acero
lo que habló su desacato.
Capitán: Eso ha de ser con secreto.
Coronel: El tiempo lo irá ordenando.
Mariscal: Ya el alba ríe, y del sol
comienza a acechar los rayos.
Conde: Un hombre hacia acá se llega,
y parece que empuñando
la espada contra nosotros
mueve los dudosos pasos.
Mariscal: Prevengamos pues las nuestras,
que es importante el cuidado.
Duque: ¿Así al Duque de Frislán
le dan la muerte villanos?

El Duque los acuchilla

Mariscal: Deténgase vuestra Alteza.
Conde: Escuche.

265 *Habemos* perdido: «Hemos perdido».

Mariscal: Suspenda el brazo
Coronel: Esto importa, las espadas,
oh gran Duque, a vuestro lado.

Salen y se ponen al lado del Duque

Duque: ¿Quién sois? ¿Quién sois? Mas ya elva
Cordón, con dudosos rayos
me da a entender que con ella
amanecen mis cuidados,
¿vos, Conde? ¿vos, Mariscal?[266]
Mariscal: Siguiendo, señor, tus pasos,
como imán que nos atraes,
tus enojos encontramos.
Duque: Vos Cordón, vos Capitán,
¿cómo tan presto a mi lado
os hallasteis?
Coronel: Aquí importa
astutos disimularnos,
siendo escolta a tu persona,
nuestra ventura nos trajo.
Duque: Válgame el cielo que puedo
en lance tan apretado
discurrir, porque si agora
culpo a los dos de los cuatro,
en ninguno puedo hallar,
ni aun de una evidencia un rasgo,
porque a todos los disculpa
el haberlos yo escuchado:
en mil ansias me confundo,

266 El Duque piensa que son los dos que estaban hablando de matar al Duque, es decir, el Capitán y el Coronel.

en mil dudas me embarazo,
pero a mi espíritu ardiente
pero a mi aliento bizarro,
ni le amedrentan prodigios,
ni le turban sobresaltos. (Se va)

Conde: Fuese sin hablar palabra,
por los ojos brota rayos,
ignorante del suceso,
ciegos los discursos hallo. (Se va)

Mariscal: Entre tantas confusiones
ya no darán mis cuidados,
sin un prodigio una huella,
y sin un asombro un paso.

Coronel: Lo que importó fue salir,
y ponernos a su lado
del Duque, porque con él
así nos aseguramos.

Capitán: Cordón, lo que importa es,
pues ya despachó Galaso
por la posta a dar aviso
al César, no descuidarnos.[267]

Coronel: ¿Qué es descuidarnos? Veréis
que puntual satisfago
con la obligación de noble.

Capitán: Sois valiente.

Coronel: Sois gallardo.

Capitán: ¡Oh, cómo en las canas lucen
estos alientos bizarros!

Coronel: ¡Oh, cómo esas bizarrías
lucen en los verdes años!

---

267 Quieren darle aviso de las intenciones del Duque.

Capitán: A mí me toca esta empresa.
Coronel: A mí me toca ayudaros.
Capitán: A mi tercio voy contento.
Coronel: Y yo al mío alegre parto.
Capitán: Muera el Duque.
Coronel: El Duque muera.
Capitán: Y triunfe de los tiranos.
Coronel: Por siglos la casa de Austria.
Capitán: Y el César eternos años.
Coronel: Viva la fe soberana.
Capitán: Y viva el Imperio Sacro.[268]
Coronel: Adiós irlandés valiente.[269]
Capitán: Adiós escocés gallardo.[270]

268 El Imperio Sacro Romano-Germánico.
269 Devereux era de origen irlandés.
270 Gordon era de origen escocés.

Jornada Tercera

Sale Morolludo

Morolludo: Traer a cuestas un mosquete[271]
no es de hombres de bien, y así
esta plaza desde aquí
trueco por la de alcahuete[272].
Pues desde que hemos llegado
a Egra con el Frislán,
donde aguarde al Capitán
Isabela me ha mandado[273],
el Mariscal que su intento
ayude con procurar
que esta noche pueda entrar
sin ser visto al aposento
de mi ama, y yo no replico,
porque en mi interés me fundo:
pues ya que salgo a ver mundo,
me he de valer por mi pico,
ya le tarda, porque son
las doce, tiempo en que ya
toda la hostería[274] está
en silencio, y el ladrón
del huésped se ha recogido,
y yo he salido sin ser
sentido de mi mujer[275],

---

271 *Mosquete*: tipo de escopeta.

272 *Alcahuete* es la persona que interviene para facilitar una relación entre dos personas difícil de consumar.

273 El alcahuete recibe órdenes de Isabela para encontrar al Capitán.

274 Hostal.

275 *Sin ser sentido de mi mujer*: «sin que mi mujer me haya escuchado».

aquesta la causa ha sido,
con que más ufano quedo,
que viendo que hay que arañar,
es perdida por entrar
a la parte en un enredo.
Dichoso este rato soy.

Sale Laureta por otra parte

Laureta: Pues duerme que no despierte,
Morolludo, de esta suerte
procuro, pues sin luz voy,
y poco a poco buscando
la puerta con riesgo tal,
donde dije al Mariscal,
que le estaría aguardando.
Morolludo: ¿Sois vos?
Laureta: Yo soy, suerte extraña,
mi marido.[276]
Morolludo: Hay tal enfado,
que por fuerza se haya entrado
mi mujer en la maraña,
así veré quien la incita.
Laureta: Su intento sabré muy presto.
Morolludo: Pues mala hembra, ¿qué es esto?
¿Vos sin luz y muy falsita[277]?
Decid.
Laureta: Lo que por vos pasa
es bien antes me digáis,
¿qué estar a escuras?[278]

276 Laureta se da cuenta de que Morolludo también está allí.
277 *Falsita*, diminutivo de falsa: «engañosa, con simulación y malicia. Es voz usada regularmente en estado festivo» (*Aut.* 1732).
278 *¿Qué estar a escuras?*: «¿Por qué estás a oscuras?»

Morolludo: No hagáis
que alborotemos la casa,
sino con humilde estilo
hablad, luego declarando
que es lo que os desvela, cuando
es media noche por filo.
Hora en que la más golosa
lechuza, aunque el lance tope,
por dormir deja el arrope
de las lámparas.
Laureta: Medrosa
estoy de que llegue aquí
el Mariscal.
Morolludo: Yo hallo en tales
casos muchos mariscales,
uno que hay me toca a mí.
Laureta: El que hace en mi afecto tal,
el alma trae en un tris
por Isabela.
Morolludo: Mentís,
que aqueste es mi Mariscal,
y vos agora queréis,
Laureta, con razón poca
quitármele de la boca.
Laureta: Pues aunque más os canséis
de él se ha de hacer partición
entre las dos sin pendencias,
porque aquestas diligencias
bienes gananciales son.
Morolludo: Vuestras porfías[279] son vanas.

279 *Porfías*: «Discusión», «ganas de discutir». Según Covarrubias, «una instancia, y ahínco en defender alguno su opinión o constancia en continuar alguna pretensión» (II.146r)

Laureta: ¿Siempre mi opuesto he de hallaros?
Morolludo: Que no acabe de llevaros
Berzebu[280] que las tercianas[281]
o accidentes suelen ser
a tiempos determinados,
y que yo por mis pecados
no me libre de mujer.
Laureta: En todo quiero igualdad.[282]
Morolludo: Ya que en esto no hay remedio,
pártale luego por medio
el Mariscal, y tomad
el pedazo de los dos
mayor[283], que aunque no sois bobo,
más o menos una arroba[284],
no quiero pleito con vos.

Sale el Capitán de Bros y Roberto. Hablan aparte.

Capitán: Por no dar que sospechar
de mi viaje el efecto,
puesto que partí en secreto,
fue cuerdo aviso dejar
los caballos a la entrada
del burgo de la ciudad,
y ahí supe con verdad,
que era aquesta la posada
de Isabela, mis desvelos,
que de prisa me han traído,
pero que mucho si han sido
las postas mis propios celos.[285]

280 Belzebú, el demonio. Otro ejemplo de rotacismo: cambio de «l» por «r».
281 *Terciana*: «calentura intermitente que repite cada tercer día» (DRAE).
282 Se refiere a igualdad de la mujer.
283 *Tomad el pedazo de los dos mayor*: «Tomad el pedazo mayor de los dos».
284 Una *arroba* es una medida de peso que equivale a aproximadamente 25 libras.
285 *Han sido las postas mis propios celos*: «Los celos me han traído más rápido».

Morolludo: Parece que siento gente.
Laureta: Él es, yo llego.
Morolludo: Eso no,
yo he de ser.
Laureta: No quiero yo.
Morolludo: Si das en impertinente
el diablo puede sufrir,
callad, que ya entiendo el fuste,
que ya sé que en este embuste
vamos horros[286], y a partir.
Capitán: ¿No oyes hablar?
Roberto: Y he juzgado
que algunos hacia ti procura
acercarse.
Morolludo: ¿Es por ventura
el Mariscal?
Capitán: El criado
de Isabela me parece,
así de engañarle trato:
yo soy, perded el recato.
Morolludo: Pues seguidme, que ya ofrece
el silencio su favor
a vuestro amoroso intento,
y mi ama en su aposento
está.
Capitán: Hay desdicha mayor,
que entrando a escuras, y acaso[287]
a ser de mi mal testigo,
hubiesen de dar conmigo
los celos al primer paso,

286 Antiguos esclavos que ahora son libres. Es decir, aunque descubran el engaño no podrán culpar a Morolludo y Laureta de haber formado parte de la trama.

287 *Acaso*: «Fortuitamente», «por casualidad».

que cierta fue mi sospecha,
tú aguarda aquí, voy muriendo,
ya os diga, en ira me enciendo.
Morolludo: Pisad blando, de esta hecha
se entarquina[288] el Mariscal.
Capitán: ¡Que con un agravio encuentre
mi fe!
Morolludo: Si antes que allá entre
no se muestre liberal[289],
quien hay que de dar se acuerde
al salir.[290]
Capitán: Mujer atroz,
presto verás que tu voz
víbora es que el alma muerde.
Laureta: Ve tras mí.
Morolludo: Agora es precisa
mi rabia.
Isabela: Es tu intento injusto.
Morolludo: Mas quiero huir de este susto,
que eso otro no me da pena.

Entra. Sale Isabela retirándose del Capitán a medio vestir.

Capitán: Con Isabela, que soy
el Mariscal he fingido,
por quedar más satisfecho.
Isabela: Ya que tu aleve delito[291]
te hace enmudecer tan presto,
sírvate pues de castigo,
ver de una vela la llama

288 Se mancha de barro.

289 Generoso.

290 *Quien hay que de dar se acuerde al salir*: «El que tiene que dar (dinero) lo haga al salir». Morolludo espera su recompensa después de haber ayudado al Capitán-Mariscal.

291 *Aleve delito* es aquel «propio de traidores que se levantan contra su señor» (*Cov.* I.30r)

opuestos mis nobles bríos
a tu error, porque el decoro
sea freno de tu delirio.
No hay quien me traiga una luz,
agora todos rendidos
estáis, ¿mas cuándo a un traidor
dejó de serle propicio
el silencio de la noche?[292]

Sale el Mariscal con una luz

Mariscal: De aquesta luz prevenido
entro, porque oí la voz
de Isabela, ¡mas qué he visto!
Capitán: Sospechas, ¡qué es lo que veo!
Isabela: ¡Cielos! ¿Qué es esto que miro?
Mariscal: Tú a estas horas en el cuarto
de Isabela, y ella a gritos
pidiendo una luz agora
con furores vengativos.
Culpado tu atrevimiento,
señas con que averiguo
en ella un despecho honroso,
y en ti un loco desvarío.
Pero a mí aquesta venganza
me toca.
Isabela: Antes que atrevido
tomes por tuya la ofensa,
y tú con celos, o adbitrio[293]
te arrojes a que una duda

292 Isabela piensa que el Capitán es el Mariscal por lo que lo acusa de traidor dejando entrever que sabe de su apoyo al plan del Duque.

293 Arbitrio.

haga un empeño preciso.
Oídme los dos agora,
quedará el uno eximido
de una obligación, y el otro
podrá salir de este abismo
de la sospecha, advirtiendo
que ha de ser este que os digo
del tribunal de mi acuerdo
decreto definitivo.[294]
Apenas mal persuadida
me dejé llevar del hijo
de la noche, más allá
de la patria del olvido.
Cuando un grave sobresalto
a las puertas de mi oído
dio golpes, y yo le oí
despierta tan de improviso
que en un abrir de ojos solo
volví a cobrar los sentidos,
restituyéndome un susto
lo que me usurpó un alivio.
Oigo que un hombre me dice:
«Isabela dueño mío[295],
si no vivo en tus dos cielos,
muera en mis muchos abismos.
El Mariscal soy», pero esto
con un afecto tan tibio
lo pronunciaba, que apenas
fue voz lo que era delito.
No me dejó tan sin mí

294 *Que ha de ser este que os digo del tribunal de mi acuerdo decreto definitivo*: «Que este que os digo ha de ser el decreto definitivo de mi tribunal».

295 Puede que exista un error del copista y que quisiera decir «dueña mía» y no «dueño mío».

el suceso, que advertido
el recato, no encontrase
con parte de mis vestidos.
Que para guerra tan noble
era el lecho campo indigno
de batalla, y así quise
esperar a mi enemigo.
Con estas armas que a escuras
mi advertencia me previno,
aseos de la modestia,
o del traje desaliños.
Salgo huyendo esta violencia[296],
una luz a voces pido,
acúdesme[297] tú con ella,
y en un caos tan indeciso,
de hallaros aquí a los dos,
me veo que no distingo
cuál de esta ofensa es la causa,
pues hallo que el que imagino
que me solicita el daño,
me socorre en el conflicto.
Si no es que viendo que entró
el Capitán al ruido,
por disimular su culpa,
usó de aqueste artificio.
Pero sea la que fuere,
que agora yo no averiguo
si fue incrédula cautela
del Capitán, que si ha sido
querer acechar sus celos

296 «Salgo huyendo de esta violencia».
297 *Acúdesme*: «Ven a mí».

así, fue necio designio,
que es la prueba peligrosa,
pues suele el que de este estilo
se vale aclarar agravios,
en vez de tener indicios.
Mas lo que agora me toca
es borrar lo que han escrito
las sospechas publicando,
que aunque con resuelto aviso,
dije al Duque General
que el Mariscal era digno
de aquel favor, que un acaso[298]
entre los dos neutral hizo,
fue temor que se irritase
el Duque pues siempre he visto
que su enojo es de tu queja
poderoso patrocinio.
Así que a ti te desengaño,
y así a ti también te libro
de una sospecha villana,
que estos días te ha tenido
tan sin causa muy de parte
de los descréditos míos.
Y vive Dios que me corro[299],
porque no es tan puro y limpio
como mi pecho ese albor[300],
que ya en los vagos distritos
de la ira va extendiendo
para ser con grave oficio,
de la Majestad del Sol

298 Un acaso: «una casualidad».

299 *Me corro*: «me avergüenzo».

300 *Albor*: «Blancor», «blancura». Se refiere también a la luz del sol.

cándido sitial de armiño[301].
Que soy Isabela, honor
de Bohemia, y del antiguo
blasón[302], que me califica
el esplendor repetido
que heredo, y yo misma soy
con que si ofendida miro
puedo matar, pues por alma
tengo un noble basilisco[303].

Capitán: Pues según esto, el favor
he de cobrar pues es mío.

Mariscal: Antes verás.

Roberto: Advertid
que llega el Duque.

Mariscal: ¡Que vino
a tan mal tiempo su Alteza!

Capitán: ¡Que este lance haya perdido!
Mas yo me sabré vengar.

Isabela: El retirarme es preciso
por el Duque ya que he dado
al Capitán este alivio.

Se va Isabela. Salen el Duque, Cordón y Tersa.

Duque: Mariscal, perseguido de un cuidado[304]
de vuestra casa vengo.

Mariscal: Bien se nota,
pues tanto vuestra alteza ha madrugado
que algún grave desvelo le alborota.

---

301 El *armiño* es una tela blanca que se suele usar, entre otros usos, para vestir a clérigos. La candidez implica también blancura. Las diferentes alusiones al color blanco implican la virginidad, sencillez y pureza de Isabela.

302 Insignia, escudo.

303 *Basilisco*: «Especie de serpiente capaz de matar con la vista» (*Cov.* I.87r).

304 *Perseguido de un cuidado*: «preocupado por una cosa».

DUQUE: Pues siempre de los cuatro me he fiado,
de este volcán que reprimido brota,
oíd la causa y mi fogoso acento,
seque el mar, queme el suelo, encienda el viento.
Picolomini[305] pues con falsos tratos,
el General Galaso, y juntamente,
el fuerte Solanic de los Corbatos[306],
es caudillo con fama de valiente,
todos tres juntos al designio ingratos,
con que les descubrí mi pecho ardiente,
dieron aviso al César, qué cautela
debiendo el ser a mi marcial escuela.
Y esta mañana supe que han tenido
un orden contra mí los coroneles,
los cabos el respeto me han perdido,
ya no me contribuyen los cuarteles,
y la coraza con rebelde olvido,
no me abate el guión ni los tropeles
de infantería, a son de astutos roncos,
de Borgoña los dos cruzados troncos.
Dicen que sale el Rey de Hungría infiero,
se muestra armado al resonar del parche[307],
pero qué importa si antes de otro enero
el tirreno alemán de nuevo escarche:
de tanta gente ser caudillo espero,
que han de quedar cuando sedienta marche

305 Piccolomini era un general florentino que luchó con Wallenstein en Lützen y quien informó al Emperador el 10 de enero de 1634 sobre las intenciones del Duque. El italiano fue el que puso en marcha, por orden del Emperador, el plan para acabar con Wallenstein que se va a escenificar a partir de este momento en la obra.

306 Solanic de los Corbatos corresponde a Hector Ludwig Isolani, general croata de quien Wallenstein desconfiaba y que había recibido el aviso de Piccolomini de que existía una rebelión contra el Emperador y que Wallenstein estaba en relaciones para unirse a fuerzas protestantes para hacerse con el poder (Sullivan 766).

307 Un *parche* es la tela que se utiliza para recubrir un *tambor* de guerra y que en este caso se utiliza como sinécdoque para designar al instrumento en sí.

secos el Rin, el Tanis y el Danubio[308],
tres diluvios bebidos de un diluvio.
Socorrerme con fuerte estratagema,
Arne y el Duque de Beimar procuran,
y otros que ya, porque la envidia o tema
contra la casa de Austria se conjuran:
acabé de rasgar aquesta nema[309],
y lean los que atentos me censuran,
tanta cifra estampada del cuidado,
tanta envidia del odio rubricado.
Pues la Alemania está sobresaltada,
viéndome sacudir el vasallaje[310],
y ya del mundo me atiende en la estacada,
del pie a la gola[311] armado de coraje,
empiece a ser corona mi celada[312],
sea dosel adulto mi plumaje[313],
cetro el bastón que Marte privilegia,
y el manto militar púrpura regia.

Mariscal: Todos juntos en tu aumento[314]
moriremos.

Capitán: Yo señor,
digo lo mismo, (¡ah traidor,
castigue el cielo tu intento!)

Tersa: Mi albedrío[315] es tuyo.

---

308 El *Rin*, el Tanis y el Danubio son ríos que discurren por la zona que pertenecía al Imperio Romano-Germánico.

309 *Nema*: «la cerradura de la carta» (*Cov.* II.120v).

310 *Sacudir el vasallaje*: «dejar de ser vasallo del Emperador».

311 Garganta. La *gola* también podía designar a la parte de la armadura que se utiliza para cubrir la garganta. Sin embargo, en este caso, como después usa *armado* y *celada* nos decantamos por *gola* en el sentido de parte de la armadura del caballero.

312 La *celada* es la pieza de la armadura del caballero que cubre la cabeza. Al usar la corona, el Duque implica su interés por convertirse en monarca.

313 *Mi plumaje*: El *plumaje* es el conjunto de plumas que se colocan en los cascos de los soldados.

314 *Tu aumento*: «tu ascenso».

315 Destino.

Duque: ¿Y vos
gobernador de esta plaza
de Egra?
Cordón: Nada me embaraza[316]
en servirte.
Duque: Guardeos Dios.[317]
Cordón: Agora importa callar.
Capitán: En otro mayor tormento
se ensaya mi sufrimiento.
Mariscal: Que así se calle un pesar,
mas yo buscaré ocasión
de vengarme.
Duque: Estilo es cuerdo
que firméis aqueste acuerdo,
para más satisfacción.
Y porque veáis que procuro
cumplirle, que firméis quiero
este papel, yo el primero
con mi firma lo aseguro,
haced esto propio aquí
todos.
Mariscal: Esta es de mi fe
la señal, y así firme
Cordón.
Cordón: Firmaré, si así
te sirvo.
Duque: Conde, llegad.
Conde: Mi lealtad te manifiesto.
Duque: De Bros, ¿qué aguardáis?
Capitán: Con esto

316 Impide.
317 Que os guarde Dios.

te satisfago.
Duque: Mirad,
que sobre mi firma es cierto
que un borrón habéis echado.
Capitán: De la pluma es disculpado.
(Error no fue sino acierto)
Duque: No importan, pero en igual
trance mi discurso siente,
que me dice mi accidente
que el Capitán no es leal.
Los acasos tal vez son
ciertos, mas en mi advertencia
con usada contingencia
porque ha de hacer impresión.
Pero aunque no hay que advertir,
el papel quiero rasgar,
venid conmigo a firmar
otro, porque permitir
que esté mi nombre escondido
donde afirma mi poder,
es indicio de querer
faltar de lo prometido.
Mariscal: Qué acción.
Duque: Mariscal, no fundo
mal el recelo presente,
pues cuando soy sol ardiente,
que empieza a alumbrar el mundo,
no es bien que a un borrón tribute
mi luz, ni que me acompañe
negra niebla, que me empañe

denso vapor, que me enlute.
Capitán: Ya está todo asegurado.
Cordón: Capitán, valor tenéis,
pero venid y sabréis
lo que tengo concertado.

Salen, por una parte, Morolludo con dos botas de vino, y por otra, Roberto con u manteles.

Morolludo: El vino me han encargado.
Roberto: Poner la mesa me toca,
ayude, empiece.
Morolludo: Ya empiezo.
Roberto: La comida es peregrina.[318]
Morolludo: ¡Qué olor que hacia la cocina
viene!
Roberto: A usanza de Alemania
las trompetas tocarán
a hacer los brindis.
Morolludo: En fin
el luquete[319] es un clarín,
con que bebe un alemán.
Roberto: Pongamos las servilletas.
Morolludo: Mas Roberto se desmanda,
a camarada no manda
que le toquen las trompetas.
Roberto: Los irlandeses bebemos
a la sorda[320].
Morolludo: Si atrevido
habla otra vez al oído,

318 *Peregrina*: «rara», «especial».
319 *Luquete*: «rueda de limón o naranja que se echa en el vino para que tome de ella sabor» (DRAE).
320 *A la sorda*: «sin ruido, sin estrépito» (DRAE).

con los frascos reñiremos,
que yo no sufro cosquillas,
sepa tener más honrados
términos.
Roberto: Los convidados[321]
vienen, calle y ponga sillas,
ya está todo apercibido.
Cordón: Capitán, en este lance,
que disimuléis importa
con el Mariscal.
Capitán: La parte
de leal siempre en mi pecho
pudo más que la de amante[322],
mas presto diréis que a un tiempo
hago de las dos alarde.
Tersa: Ya echo de ver, Mariscal,
que con fingido semblante
vuestros celos desmentís.
Mariscal: Mucho el mostrarnos afables
importa para saber
de estos dos si son leales
al Duque Alberto.
Cordón: Ya pueden
vueseñorías[323] sentarse.
Roberto, ordena que al punto
se alce el puente, porque nadie
pueda salir del castillo,
ea señores, honradme.
Mariscal: Un volcán en alma oculta.
Capitán: En el pecho escondo un áspid.

321 Invitados.
322 El Capitán dice haber antepuesto su labor profesional al servicio del Emperador a la de su amor por Isabela como ya había hecho antes en la obra.
323 *Vueseñorías*: «vuestras señorías».

Cordón: Hoy de aquesta suerte todos
se festejan, por ser Martes
de Carnestolendas.[324]
Capitán: Treguas
a las fatigas de Marte
pone el ocio.
Cordón: Así reposa
el acero, hasta que el parche
en defensa de la fe
o le recuerde o le llame.
Capitán: Y en servicio de Fernando
César de Alemania.
Cordón: Alabe
la fama su invicto nombre.
Capitán: Así haré de sus infames
corazones la experiencia
que monarca tan amable
todo el mundo hable por él
sus virtudes ejemplares.
Su grandeza, su piedad,
su celo, su incomparable
religión, que a los demás
excede en esta parte.
Dígalo aquella ocasión,
en que de los alemanes
rebeldes más acosado,
devoto acudió delante
de un crucifijo de cuya
efigie animado el arte
es común voz que le dio

324 Martes de Carnaval. El banquete real se celebró el 25 de febrero de 1634, año en el que, conforme a lo que indica el calendario histórico de C.R. Cheney, el Martes de Carnaval tuvo lugar el 28 de febrero (134), con lo que el banquete original ocurrió en la noche del sábado al domingo y no del martes al miércoles.

respuesta en palabras tales:
«Fernando, no desconfíes,
pues de quien puede contarse
tal blasón, a un bulto helado
prestó espíritus vitales».
Que como era su fervor
lengua de fuego, al instante
ardió el leño, y así aquel
acento divino y grave
fue de un incendio denuedo,
llama causada en la imagen.
Cordón: Prodigiosa maravilla.
Capitán: Ah, Roberto.
Roberto: Señor.
Capitán: Dame
de beber, porque al aumento
del César, que el cielo guarde,
quiero brindar.
Roberto: Eche.
Morolludo: Aguarde
veré si es de lo del Rin.
Roberto: ¿Qué es lo que hace?
Morolludo: Aprovecharme [325]
que botillero[326] ad honorem[327]
soy, y estoy sin mis percances.
Roberto: Aquí está ya lo que pides.
Capitán: Venga pues, que he de brindarle
al señor Coronel Tersa.
Tersa: Ya espera.
Capitán: Este es nuevo examen

325 *Aprovecharme*: «aprovecharme de».
326 *Botillero*: Persona a cargo de la despensa de un señor.
327 *Ad* honorem: «De manera honoraria». Es decir, que no recibe retribución por su trabajo.

pues a la salud del César
y de toda la triunfante
casa de Austria, de quien es
cabeza Filipo el grande[328],
haced la razón.
Tersa: Primero
es justo que se repare,
que aqueste aplauso es debido
al Duque.
Mariscal: Bien satisface
el coronel esta deuda,
el Duque ha de ser el que antes
que todos este respeto
en nuestro cuidado alcance.
Capitán: El Emperador es solo
dueño de las voluntades[329]
y ha de preferir.
Mariscal: Aquí
no conocemos a nadie,
a Bolestain[330].
Cordón: Nosotros
nunca somos desleales.
Mariscal: Mal recompensáis al Duque.
Capitán: El Duque es traidor.
Mariscal: Infames,
mentís.
Capitán: Aquí de mi amor,
pues que ya ha llegado el trance.
Mariscal: Oh bien, agora mis celos.
Cordón: Dejad las vidas cobardes.

---

328 *Filipo el grande*: Felipe IV, rey de España.
329 *El Emperador es solo dueño de las voluntades*: «El Emperador es el único dueño de las voluntades».
330 Wallenstein.

Tersa: Será a costa de las vuestras.
Capitán: Hoy acabo de vengarme.

Dentro se oye ruido de cuchilladas. Vuelven a salir el Capitán y el Gobernador.

Cordón: Murieron los alevosos[331].
Capitán: Ya el sabor que fue celaje
del planeta que me alumbra
entre las ansias mortales,
quité[332] al traidor Mariscal
a pesar de su coraje.
Cordón: Nada hemos hecho hasta agora,
porque lo más importante
nos falta.
Capitán: Puesto que el Duque
aunque estos sus dos parciales[333]
eche menos[334], el suceso[335]
es imposible que alcance.
Tomemos resolución
de lo que en caso tan grave
se ha de hacer.
Cordón: Hoy un aviso
tuve de los generales
Picolomini y Galaso,
en que me advierten que aguarde
ocasión para cumplir
el soberano dictamen
del Emperador, que atento
del Duque al traidor alarde,
orden ha dado en común

331 *Alevosos*: «infieles», «traidores».
332 *Quité*: «maté». «Quitar la vida».
333 Partidarios. Hombres que estaban de parte del Duque.
334 *Eche menos*: «eche de menos».
335 *El suceso*: «el éxito».

para prenderle o matarle.
Capitán: Uno de esos dos intentos
hemos de elegir.
Cordón: Mas grande
acción sería prenderle
y enviarle vivo delante
del César.
Capitán: Es tan piadoso,
que habría de perdonarle,
y quedando vivo el Duque,
fuera nuestro riesgo fácil.
Cordón: ¿Pues qué acuerdo tomaremos?
Capitán: Aora bien, pues que ya caen
los cabellos de la noche
y destrenzados se esparcen
hasta la espalda del mundo
desde la frente del aire
salgamos de aquí, y veremos
qué es lo que ha de ejecutarse
en el Palacio del Duque.
Cordón: Ea amigo, en este lance
cordura y valor importa.
Capitán: A los que por más leales
tenéis, los más animosos
elegid y acompañadme
con ellos, el cielo quiera
que con veloz paso marche
el Rey de Hungría. Yo haré
que su Augustísimo padre
triunfe de este monstruo.

Cordón: Vamos,
Capitán.
Capitán: El que no se sabe
vivir osado, no vive
en el bronce ni en el jaspe.

Se van y sale el Duque con una luz

Duque: Un can gime en voz mortal,[336]
y en el pesar que me deja,
más parece humana queja
que ladrido irracional.
Y cuando quise al quieto
sueño pagarle el tributo,
atento a la voz de un bruto,
parece que la interpreto.
Como estoy en tal naufragio,
que es cualquiera cosa infiero
advertencia del agüero
documento del presagio.
Pero tan leve ocasión,
¿por qué ofende mi decoro?
A ser bramido de un toro
y rugido de un león
fuera aviso más prudente
para mí, mas este azar
lo que tiene de vulgar
le hace conmigo indecente.

---

336 La sabiduría popular relaciona el llanto del perro con una próxima muerte. No conocemos ningún historiador que relacione el hecho de que el Duque se despertara con el aullido de un perro, por lo que suponemos que se trata de una licencia poética introducida por los autores para añadirle mayor dramatismo al momento culminante de la historia. Mann precisa que Wallenstein estaba despierto por el ruido de una estruendosa tormenta en el exterior (843). Es posible que se hubiese despertado por el llanto de las esposas de Tersky y Kinsky, el Mariscal y Tersa en la obra, tras ver a sus esposos muertos, o por la disposición, en los alrededores de la casa, de los dragones que acompañaban a Devereux en su misión.

Quisiera verme yo Rey,
y de mi patria.

Sale el Capitán con una partesana[337].

Capitán: No he sido
de tantas guardas sentido.
Duque: Y deshacer tanta ley
que la casa de Austria trata
con su molesto dominio.
Capitán: No lograrás tu designio.
Duque: ¿Quién está aquí?
Capitán: Quien te mata
por traidor.
Duque: ¿Vienes sin seso?
¡Ah de mi guarda, traición!
Capitán: Muera, que en la dilación
peligra todo el suceso.[338]
Duque: Ah Mariscal, no hay quién vea
mi riesgo, que hube de estar
sin armas.[339]

Sale el Emperador, el Rey de Hungría y baja cayendo el Duque y los demás

Emperador: ¿Que el Capitán de Bros es
el que tan gloriosa hazaña
emprendió?
Capitán: Y el que postrado
a vuestras invictas plantas
os ofrece este trofeo,

337 Espada.
338 *En la dilación peligra todo el suceso*: «Alargarlo hacer peligrar el éxito».
339 *No hay quién vea mi riesgo, que hube de estar sin armas*: «¿No hay quién vea mi riesgo? ¿Por qué tenía que estar desarmado?».

Augustísimo Monarca.
Veis aquí, señor, al Duque,
su persona es castigada,
tres veces pasado el pecho
de esta aguda partesana.

EMPERADOR: Haced retirar el cuerpo
por acción tan señalada
esperad nuevas mercedes[340].

CAPITÁN: Si con su mano me paga
la varonesa Isabela,
quedan, señor, bien pagadas.

ISABELA: Vesla aquí.[341]

EMPERADOR: Ea Fernando,
pues que se apagó la llama,
que ingrata al que la encendió
con ruina amenazaba,
Generalísimo os nombro
desde luego en Alemania,
hijo, tomad el bastón.[342]

REY: Vuestra majestad cesárea
me dé aquesta invicta mano.

EMPERADOR: El cielo, Fernando, os haga
gran defensor de la iglesia.

CAPITÁN: Y aquí la mano levantan,
Senado, toscos buriles[343],
que entre laminas retratan

---

340 Las *mercedes* son la recompensa que un rey o emperador da a sus vasallos.

341 Aquí la ves, aquí la tienes.

342 *Tomad el bastón*: El nombramiento no tuvo lugar hasta dos meses después de la muerte de Wallenstein. Fernando III lideró al ejército católico en la batalla de Nordlingen en septiembre de 1634 con Gallas como segundo comandante y de la que salieron vencedores.

343 *Buril*: «instrumento de acero, prismático y puntiagudo, que sirve a los grabadores para abrir y hacer líneas en los metales» (DRAE). En este caso, el Capitán se refiere al retrato que los grabadores, es decir los dos autores de la obra, están haciendo ya de lo ocurrido con el Duque y la victoriosa defensa del imperio católico. La referencia al plural, «buriles», indicaría la autoría compartida de la obra entre Calderón y Coello.

al vivo aqueste suceso,
para castigo y venganza
de todos los conjurados,
para terror de Alemania,
para blasón del Imperio,
y honor de la casa de Austria.

Fin

www.ingramcontent.com/pod-product-compliance
Lightning Source LLC
Chambersburg PA
CBHW031242120726
47905CB00002B/689
* 9 7 8 1 9 3 4 7 6 8 7 1 6 *